REVERS

BJÖRN BORG

REVERS

Traduction française de Peter Bathus

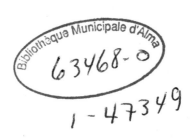

103, boulevard Murat – 75016 Paris

LE CHAUD ET LE FROID

Iceborg... J'ai toujours détesté ce surnom qui fait trop penser à une froide machine, à un robot sans âme. Tout le contraire de l'homme que je suis en réalité. Mon entraîneur, ma famille et tous ceux qui m'ont approché de près savent bien que je n'ai rien d'un glaçon, eux qui me connaissent dans les coulisses et dans la vie de tous les jours. L'image que j'offrais dans les tournois a prêté à confusion : parce que j'avais décidé de ne pas exprimer mes émotions lors des matchs, on avait conclu un peu vite que j'en étais dépourvu...

La réputation d'Iceborg s'est installée aussi rapidement que durablement, sans doute parce qu'elle correspondait au cliché de l'athlète suédois, capable de décocher ses coups avec l'endurance d'un bûcheron scandinave sans jamais montrer la moindre trace de fatigue ou d'irritation. En fait, cette attitude n'était pas le reflet de ma vraie personnalité. Je suis un passionné et, au début de ma carrière sportive, on peut même dire que j'étais un adolescent plutôt bouillant. Mais mon entraîneur Lennart Bergelin m'a vite fait comprendre que manifester mon moi profond sur un court de tennis ne pouvait que me nuire. Je courais le risque d'y perdre ma concentration et de laisser échapper des rencontres à ma portée.

Par stratégie, j'ai donc adopté le masque d'un homme imperturbable. Je voulais jouer mon meilleur tennis et j'avais compris que le moyen le plus sûr d'y parvenir était de rester attentif du premier service à la balle de match, sans ruminer une erreur grossière ni exulter à chaque point gagnant. Je me suis vite aperçu que cette attitude donnait des résultats probants, et je m'y suis donc conformé pendant toute ma carrière.

Évidemment, je ne dis pas que tous les joueurs devraient en prendre de la graine. À chacun son style. On sait, par exemple, qu'un John McEnroe parvient à puiser des ressources nouvelles dans la colère, et qu'il a parfois besoin d'une bonne poussée d'adrénaline – quitte à la provoquer lui-même – pour retrouver toute sa rage de vaincre. D'autres encore se livrent à diverses facéties pour troubler la concentration de leur adversaire, tout en regagnant la leur. Les méthodes varient mais, chez les grands champions, elles sont toujours au service de la victoire finale. En ce qui me concerne, j'ai toujours dirigé mes émotions vers l'intérieur de moi-même, comme pour mieux m'en nourrir. Et je crois que cela ne m'a pas trop mal réussi...

Le tennisman au sang-froid n'est donc qu'une facette de ma personnalité. La vérité, c'est que je tiens un peu du *Dr Jekyll et Mr Hyde*. Je suis d'ailleurs du signe des Gémeaux, signe par excellence de la dualité. Je crois beaucoup à l'astrologie, non pas à ces horoscopes souvent ineptes que l'on peut lire dans les dernières pages des magazines mais à l'influence des astres sur notre caractère. J'ai pu constater que les gens faisaient très rarement mentir les traits dominants du signe sous lequel ils étaient nés.

La preuve, en ce qui me concerne je suis un Gémeaux typique. Tous mes proches savent que le calme affiché sur les courts n'était qu'un aspect de l'homme qu'ils connaissent, l'autre étant plus remuant et certainement plus déterminant : jamais je n'aurais récolté une telle moisson de titres, ni disputé autant de finales du Grand Chelem si je n'avais pas brûlé intérieurement d'un formidable désir de me surpasser. On ne peut pas exiger de quelqu'un qu'il consacre dix ans de sa vie à la réalisation d'un objectif – une décennie d'efforts intenses et de discipline rigoureuse – sans être soutenu par la passion. La légende d'Iceborg est donc la plus ridicule qui soit, à moins d'y voir une allusion à la partie immergée et donc cachée des icebergs. Plus simplement, je crois que c'était un « gimmick » médiatique qui a servi à dramatiser mes affrontements épiques avec un joueur du tempérament de McEnroe. Le feu et la glace... Beau combat. En fait, nous étions tous deux animés par la même flamme.

Pourtant, après dix ans de travail et de victoires accumulées, j'ai brutalement arrêté le tennis. Pratiquement du jour au lendemain. J'aurai l'occasion de revenir plus loin sur cette décision qui a fait couler beaucoup d'encre. À l'époque, on a parlé d'une lassitude engendrée par une overdose de tennis. De façon moins négative, je dirais que ce choix personnel naissait d'un désir tout simple de voir et de faire autre chose. La passion ne s'était pas éteinte, elle avait tout simplement besoin de changer d'objet.

J'avais vingt-six ans à peine. J'avais gagné six fois Roland-Garros, cinq fois Wimbledon, deux fois les Masters. Et j'ai choisi de tirer un trait définitif sur ma carrière sportive – c'est du moins ce que je croyais à ce moment-là. Dans mon esprit, une page était bel et bien tournée.

Je me souviens qu'à cette époque, je regardais avec de grands yeux les journalistes qui me demandaient si je ne faisais pas des cauchemars à l'idée de quitter le circuit sans avoir jamais remporté les Internationaux américains. Cette question était parfaitement absurde pour moi. J'étais parvenu quatre fois en finale de l'US Open. J'avais donc échoué quatre fois tout près du but. Bien sûr j'aurais préféré gagner ce tournoi, mais je ne peux pas avoir de regrets à ce sujet – et encore moins de cauchemars – puisque j'ai fait tout ce qui était en mon pouvoir pour ajouter ce trophée à ma collection. Lorsqu'on se prépare avec le plus grand soin, lorsqu'on donne tout ce qu'on a dans le ventre, il est impossible d'être rongé par les regrets. J'avais fait de mon mieux, je n'avais pas réussi : je pouvais désormais passer à autre chose. Il faut dire aussi qu'à l'exception de ce titre, j'avais l'impression d'avoir plutôt bien rempli ma carrière de joueur professionnel. Je pouvais m'engager dans une autre voie avec le sentiment du devoir accompli...

Beaucoup de gens n'ont jamais compris pourquoi j'ai arrêté ma carrière en pleine gloire. Les journaux ont titré sur le fait que je prenais une « retraite de milliardaire » à l'âge où beaucoup de jeunes gens commencent tout juste leur vie active.

Quelques années plus tard, on a commencé à me demander avec insistance si l'excitation de la victoire ne me manquait pas. Si sans le sport, qui m'avait offert des minutes tellement intenses et triomphales, je pouvais m'habituer à une vie « normale »... Et comment, après de tels sommets, il était possible de redescendre sur terre. Ces questions n'avaient guère plus de sens pour moi que celles portant sur mes éventuels regrets. D'abord parce que je n'ai aucune idée de ce qu'est une vie normale : je n'en connais aucune. Ensuite pour une raison très précise : c'est que le moment le plus beau et le plus fort de mon existence je ne le dois pas à ma carrière sportive, mais à une circonstance de ma vie privée. Le plus beau moment de ma vie, c'est sans conteste la naissance de mon fils Robin.

Aujourd'hui, à trente-sept ans, je sais que l'avenir me réserve encore beaucoup d'événements heureux. Contrairement à ce qu'on voudrait croire, il n'est pas dans ma nature de me tourner avec nostalgie vers le passé. Je continue d'avancer, en sachant que chaque période de ma vie m'apportera des plaisirs aussi intenses qu'autrefois, bien que de nature différente.

Les gens et les médias s'imaginent toujours que les champions, comme les vedettes de cinéma, restent bloqués sur leur passé glorieux. Comme s'ils voulaient nous statufier à l'époque héroïque de notre vie et nous conserver en bibelots souvenirs sur des étagères. Pourtant, comme tout le monde nous évoluons, et la vie nous fait entrer dans des phases toujours plus enrichissantes.

À l'âge de vingt-six ans, j'ai senti que j'étais arrivé à un virage brutal. Peu tenté par une retraite oisive, je me suis jeté tête baissée dans les affaires, avec tout l'enthousiasme du néophyte décidé à relever un nouveau défi.

Et c'est là qu'ont débuté tous mes ennuis...

On va le voir, je me suis trouvé prisonnier d'un invraisemblable imbroglio financier et juridique que je vais m'efforcer de retracer, preuves à l'appui. On a tant écrit de mensonges sur mes démêlés commerciaux que je juge opportun de mettre les choses au clair. Certaines responsabilités doivent être en effet établies.

On pourra lire le récit de mon expérience comme un de ces romans d'argent en vogue aujourd'hui et où l'on voit des personnages ambitieux ou sans scrupule jongler avec les compagnies et les millions. En général, ce sont des *success stories*. En ce qui me concerne j'ai été un héros malheureux, puisque au lieu de construire une fortune, j'ai en bonne partie dilapidé celle que j'avais amassée. Ou plutôt on s'en est chargé à ma place...

Je suis arrivé à l'âge de vingt-six ans sans avoir jamais été confronté à un problème grave. La vie ne cessait de me sourire. Pas le moindre nuage noir. Bien sûr, mes victoires sur le circuit n'étaient pas tombées du ciel toutes rôties : je m'entraînais dur, et je récoltais les dividendes de cet acharnement. Mais je ne doutais pas une seconde qu'il ne puisse pas en être ainsi de toutes mes activités. Si quelqu'un venait me raconter qu'il avait des problèmes, je le prenais pour un fou, j'étais incapable de comprendre son langage : pour moi, les problèmes n'existaient pas, c'étaient des constructions de l'esprit.

Encore adolescent, j'avais adopté la formule « vouloir, c'est pouvoir » parce que j'en avais besoin pour progresser et me hisser au sommet de la hiérarchie mondiale. C'était une forme de motivation. Je me persuadais ainsi que j'avais tout contrôle sur mon destin, que l'obstination et l'optimisme suffisaient à éviter les écueils que la vie place parfois sur notre chemin.

J'ai été extraordinairement chanceux de ce côté-là, sans doute parce que j'étais très préservé. Tout au long de ma carrière de joueur, j'ai vécu en effet dans un monde ultra-protégé. Je n'avais qu'une obsession, le tennis, et j'avais un coach dont le rôle était précisément d'écarter tous les désagréments qui pouvaient nuire à ma concentration. Je vivais à l'abri du besoin, mes pensées étaient tout entières occupées par le tennis. C'est un peu comme si j'avais évolué pendant des années dans une bulle de savon avant de plonger sans filet dans une mer infestée de requins.

Mais n'exagérons pas ma naïveté. Le monde du tennis n'était pas précisément celui du « fair-play » et des blanches colombes. Je savais déjà les intérêts et les rivalités qui s'y jouaient. Il n'empêche que j'ai passé dix ans de ma vie dans un système où les lignes étaient au moins clairement délimitées : il fallait qu'une balle soit bonne ou faute. Les erreurs d'arbitrage, toujours possibles, influaient rarement sur le cours logique de la partie. Un court de tennis est une lice un peu particulière où tous les gestes des joueurs sont exposés aux regards des juges et du public. On ne peut même pas cacher sa prise de raquette sous la table au moment du service, comme au ping-pong. Plus qu'aucun autre peut-être, le tennis est un sport de clarté.

Dans la jungle des affaires, les règles sont entièrement différentes. Le jeu est plus dissimulé, il peut s'effectuer, précisément, sous la table.

D'autre part, différence capitale, au tennis j'étais seul sur le court et j'avais en main tous les éléments pour faire face à la situation. C'était à moi d'agir sur le cours de la partie, en modifiant ma tactique au besoin, en puisant dans mes réserves physiques et mentales. Malheureusement, je ne pouvais conduire seul mes affaires. J'ai été contraint de déléguer, de remettre le pouvoir de décision à d'autres personnes. Bien choisir ses collaborateurs est le premier pas vers la réussite. Dans le cas contraire, on peut se trouver rapidement happé dans un engrenage catastrophique...

À vingt-six ans, tout auréolé de gloire et de confiance, je ne doutais pas un seul instant du succès de mes nouvelles entreprises.

D'autre part, si j'avais arrêté le tennis, c'était aussi afin de consacrer davantage de temps à ma vie privée. Je venais de me marier avec Mariana, une joueuse roumaine, et l'avenir semblait radieux.

Pourtant, dans les deux domaines, public et privé, j'allais être confronté à de graves crises, terriblement éprouvantes, même si la presse s'est laissée aller à amplifier mes déboires et leurs conséquences.

Heureusement pour moi, le tennis constitue une excellente école de la vie : j'y ai appris à surmonter aussitôt les défaites. La vie est faite de hauts et de bas comme le tennis de bons et de mauvais matchs. La meilleure façon d'avancer, c'est de tirer les enseignements de chaque défaite. Toute expérience négative possède des aspects positifs. Même si, par moments, au plus fort de la tourmente, ils m'ont semblé difficiles à discerner...

PREMIERS PAS

La première fois que je me suis battu pour une balle, c'était à l'occasion d'un tournoi de ping-pong. À l'âge de sept ans, j'ai pris l'habitude d'accompagner mon père au club de tennis de table de Södertälje. Comme on y organisait aussi des activités pour les enfants, je me suis inscrit au championnat du club. Dès ma première participation, ma troisième place m'a valu une médaille de bronze.

Un peu plus tard, mon père a remporté le championnat local. On lui a donné le choix entre plusieurs prix, dont une canne à pêche et une raquette de tennis. Particulièrement intéressé par la raquette, je me souviens d'avoir demandé à mon père de la choisir.

Mon père s'est avancé jusqu'à la table où étaient exposés les prix et a soupesé la raquette. Au bout d'un moment, il l'a reposée et s'est mis à lorgner du côté de la canne à pêche. J'ai senti mon estomac se nouer. En croisant mon regard de chien battu, mon père a hésité. À contrecœur, il a fini par se détourner de la canne à pêche. Il a choisi la raquette et me l'a donnée.

– Tiens, m'a-t-il dit. Puisque tu en as tellement envie, elle est à toi.

J'ai aussitôt commencé à jouer. Je passais mon temps à expédier des balles contre la porte du garage de notre maison. Je restais planté là si longtemps que ma mère était souvent obligée de sortir pour m'appeler quand le dîner était prêt. Plusieurs de mes camarades, un peu plus âgés que moi, jouaient au tennis. C'est ce qui m'a poussé à m'intéresser à ce sport plutôt qu'à un autre.

Comme je n'habitais qu'à cinq minutes à pied du club de tennis de Badparken, j'allais régulièrement traîner autour des terrains. En été, surtout, j'y étais du matin au soir, et dès qu'un court se libérait je me mettais en quête d'un partenaire : n'importe qui, pourvu que je puisse jouer. Là encore, mes parents devaient souvent venir me chercher le soir.

Un jour, vers mes dix ans, j'ai eu la chance de jouer avec deux personnalités : Henning Sjöström et Leif Silbersky. Comme ils étaient connus, j'avais souvent assisté à leurs matchs.

J'ai également disputé un double avec eux : j'étais associé à Leif Silbersky contre Henning Sjöström et Jörn Donner. Nous avons gagné. Si j'étais entré en scène, c'était uniquement parce qu'il leur manquait un quatrième.

– Ce gamin est un peu jeune pour jouer avec nous, a lâché Henning. Il n'arrivera pas à suivre.

– Laisse-lui sa chance et tu verras ce qu'il sait faire, a répliqué quelqu'un.

Et en effet, pendant le match, Donner a plusieurs fois pesté dans sa barbe lorsque je lui expédiais des balles qu'il ne parvenait pas à rattraper.

Je jouais au tennis le plus souvent possible, mais cela ne m'empêchait pas de pratiquer assidûment le hockey. J'ai même été assez tenté de faire carrière sur la glace, jusqu'au moment où il m'a fallu choisir. Il était devenu impossible de me concentrer sur plusieurs sports en même temps.

Quelles que soient mes activités – sport, études, fléchettes ou soldats de plomb – j'avais horreur de perdre. Quand j'entreprenais quelque chose, c'était toujours avec la rage de vaincre. Le samedi, nous organisions toutes sortes de compétitions à la maison.

J'ai gagné mon premier match en 1967. C'était, je crois, lors d'un championnat de quartier à Katrineholm. Je ne me souviens plus du nom de celui que j'ai battu en finale. En revanche, je me rappelle comme si c'était hier le moment où, de retour à la maison, j'ai ouvert la porte pour montrer fièrement à mes parents la coupe qu'on venait de me remettre. C'était mon tout premier trophée. J'avais onze ans.

Deux ans plus tard, j'ai perdu contre Henrik Andrén en finale de la coupe du Roi. Le roi, justement, assistait au match; j'ai eu l'honneur de lui être présenté, ainsi qu'à Lennart Bergelin. Dans la foulée, j'ai aussi eu droit à ma première interview télévisée. Sans doute les journalistes avaient-ils décelé en moi un talent prometteur.

L'année suivante, j'ai remporté cette même coupe.

Je n'ai jamais fait partie de ceux que la seule vue d'un livre rend malades. À l'école, les contrôles me plaisaient car je voulais montrer que j'étais aussi capable de réussir dans ce domaine. Dans tout ce que je faisais, je m'appliquais à donner le meilleur de moi-même. Qu'il s'agisse de sport ou d'études ne changeait rien au problème.

Je ne me souviens pas d'avoir eu de problèmes particuliers avec mes professeurs. En général je les appréciais et je crois qu'ils me le rendaient bien, même si je n'ai jamais été ce qu'on appelle un élève modèle.

À la fin de la troisième, ma moyenne générale tournait autour de 4,1 sur 5. Même si le tennis occupait le plus clair de mon temps, j'aimais l'école. Sans ma carrière sportive, j'aurais naturelle-ment poursuivi mes études.

À l'école comme à la maison, j'étais bien entouré et très soutenu. Aussi loin que remontent mes souvenirs, je ne me rappelle pas avoir essuyé de critiques injustifiées.

À partir de mes quinze ans, la presse a com-mencé à s'intéresser à moi. Au début, les articles me concernant étaient presque toujours élogieux : les journalistes s'imaginaient avoir déniché une nouvelle poule aux œufs d'or.

Dans l'esprit de mes parents, mes devoirs scolai-res devaient être faits – et bien faits. Il leur arrivait quelquefois de me prêter main-forte. Je pense qu'ils ne voyaient aucun inconvénient à ce que je mène de front mes études et le tennis.

À cette époque, mon meilleur ami était Hasse Rehnstedt. Nous étions voisins, et nous allions à l'école ensemble. Le week-end, comme tous les jeunes de notre âge, nous sortions avec des filles. Mais je ne pouvais pas consacrer à mes loisirs autant de temps que Hasse et mes autres camarades. L'entraînement m'accaparait. Si j'avais un match le samedi matin, il n'était pas question de sortir le vendredi soir. Cela dit, Hasse et moi partions souvent en virée à mobylette.

Je me souviens d'une soirée où nous sommes allés ensemble quelque part à l'extérieur de Södertälje. Il y avait du vin rouge. Nous devions avoir treize ou quatorze ans, et c'était la première fois que j'en buvais. J'avoue que j'étais peu fier de moi quand je suis rentré à la maison, complètement ivre, en priant pour que mes parents ne se doutent de rien.

Cela n'a pas marché. Ma mère et mon père m'ont aussitôt mis au lit, et j'ai passé la moitié de la nuit à vomir. Le lendemain matin, mon père est venu me rappeler que j'étais censé commencer l'entraînement à 10 heures. J'ai senti qu'il fallait absolument que j'y aille. Nous sommes partis peu après, et je me suis entraîné d'arrache-pied, comme si de rien n'était. Ce jour-là, j'ai dû serrer les dents, mais je tenais à prouver que j'étais capable de m'entraîner normalement.

Plus le temps a passé, plus j'ai dû limiter ce genre de plaisirs. Je n'avais aucune chance de décrocher de bons résultats si je continuais à me disperser. J'étais conscient de la nécessité de m'imposer une discipline rigoureuse. Hasse et moi avons pourtant continué de nous voir très souvent, même après mon départ à Monaco.

Il vivait toujours à Södertälje, ce qui ne l'a pas empêché de me suivre quelquefois dans mes déplacements. Ces voyages lui ont permis de découvrir le monde. Quand je ne jouais pas, nous nous retrouvions pour passer un moment ensemble. Pour lui comme pour moi, c'était une expérience fantastique. Plus tard, devenu homme d'affaires, il s'est installé aux États-Unis où il s'est marié. À ma connaissance, il n'a jamais tenu une raquette de sa vie.

Nous sommes toujours bons amis. Et c'est à peu près le seul avec qui j'ai maintenu le contact depuis l'époque de Södertälje. Quand je jouais à Wimbledon ou à Paris, soit j'allais en Suède lui rendre une petite visite, soit il se déplaçait pour venir me voir.

*
**

Percy Rosberg m'a découvert à Södertälje. Il était entraîneur de l'équipe de Suède et sillonnait les clubs du pays à la recherche de jeunes talents. Un jour, il est passé dans notre ville. Je n'aurais pas dû lui être présenté, tout simplement parce que je ne comptais pas parmi les meilleurs du club. Heureusement pour moi, l'un des sélectionnés est tombé malade et on m'a demandé de le remplacer au pied levé. À la fin du match, Percy est venu me trouver pour me dire qu'à son avis, j'avais le potentiel pour devenir un bon joueur. Il m'a encouragé à m'investir sérieusement dans le tennis. C'est bien la première fois qu'on me disait une chose pareille.

Je jouais alors au tennis-club de Södertälje. À l'âge de douze ou treize ans, après le championnat scolaire de Suède, un journaliste sportif doublé d'un joueur de tennis et de hockey, Gunnar Galin, m'a proposé de quitter ce club pour entrer au SALK de Stockholm. J'étais le meilleur de ma catégorie à Södertälje. Au SALK, en revanche, je me suis trouvé face à des garçons qui avaient un an ou deux de plus que moi, ce qui m'a permis d'améliorer vraiment mon tennis. L'entraînement que j'y ai suivi avec Percy m'a considérablement aidé.

À cette époque-là, j'allais à l'école de 8 h à 15 h 30. Ensuite, je sautais directement dans le train de banlieue qui relie Södertälje à Stockholm. J'étais obligé de faire mes devoirs pendant le trajet. À la gare centrale, je prenais le métro jusqu'à Alvik où m'attendaient deux heures d'entraînement intensif. Le soir, en général, mon père passait me prendre. La même routine se répétait chaque jour – sauf le week-end, où mon père était libre. C'était très dur, mais j'adorais ce que je faisais et mes parents m'ont toujours soutenu de manière fantastique. Sans eux, jamais je ne serais devenu tennisman. Mon père reste à ce jour l'un de mes meilleurs amis.

Un seul problème s'est posé au cours de ma scolarité : en troisième, j'ai été contraint de quitter la classe deux mois avant mes camarades ; plusieurs compétitions m'attendaient en Europe. Mes professeurs n'étaient pas très chauds. Aucun élève n'avait jamais terminé l'année par anticipation pour cause de coupe Davis. J'ai fait des heures supplémentaires avec plusieurs d'entre eux avant de recevoir mon bulletin, qui était loin d'être mauvais.

Cet épisode de ma scolarité a fait le tour des journaux du pays : on a notamment écrit que je n'avais pas terminé ma troisième.

Bien des gens ont donc été surpris quand le quotidien *Dagens Nyheter* a publié le détail de mes notes. Les voici : 4 en suédois, 3 en maths, 4 en anglais, 5 en éducation religieuse, 4 en sociologie, 4 en histoire, 5 en géographie, 4 en chimie, 4 en physique, 3 en dessin, 5 en travaux manuels, 4 en allemand et 5 en éducation physique, sur 5 naturellement.

Par la suite, bien sûr, mon apprentissage a été essentiellement consacré au tennis, mais j'ai perfectioné mon anglais grâce aux voyages et à la télévision.

Certaines mauvaises langues ont insinué que je ne lisais que des bandes dessinées. Il est vrai que j'en ai lues beaucoup dans mon enfance, comme tout un chacun. C'était un excellent moyen de détente. Je m'en suis désintéressé par la suite. Aujourd'hui, je lis surtout les journaux. Je rencontre une foule de gens et je suis naturellement plus enclin à écouter qu'à parler. La vie s'est chargée de me former. En un sens, elle m'a apprivoisé.

LENNART

Ma première véritable rencontre avec Lennart Bergelin, mon futur entraîneur, remonte à 1972. J'avais quinze ans. Notre amitié est née à la suite d'une querelle. C'était au moment de la coupe Davis. Bergelin était capitaine de l'équipe de Suède. Nous étions rassemblés à Bastad pour les épreuves de sélection avant la prochaine rencontre. Je crois que je jouais contre Ove Bengston. Lennart était perché sur la chaise d'arbitre. Il n'avait pas encore pris sa décision définitive pour le second joueur de simple. Ove Bengston, lui, avait déjà une place assurée dans l'équipe. Si mes souvenirs sont exacts, Bergelin avait le choix entre Janne Lundqvist, Kjell Johansson et moi-même. Aucun d'entre nous ne savait vers qui allait sa préférence. Quand nous nous sommes affrontés en simple, nous étions tous à couteaux tirés.

J'étais dénué d'expérience. Un bon débutant, en somme... Lennart songeait sans doute à attendre que j'aie gagné en maturité. Mais même si j'avais tout l'avenir devant moi, je mourais d'envie de jouer la coupe Davis. Je me suis donc entraîné comme un forcené et j'ai donné mon maximum pendant les sélections.

Je jouais contre Ove, quand Lennart a jugé mauvaise une balle litigieuse. Tout le monde s'est mis à palabrer, et l'affaire a vite dégénéré. Nous avons commencé à crier et à nous balancer des balles à la figure. Lennart m'a même jeté des boîtes de balles, que je me suis empressé de lui renvoyer. Incroyable, mais vrai!

Lui et moi ne nous sommes pas adressé la parole pendant les quelques jours qui ont suivi. Aujourd'hui encore, je serais bien en peine de dire lequel de nous deux avait raison. Sans doute ai-je fait preuve d'insolence. J'avais tellement envie de jouer! Lennart est un homme à la fois très nerveux et très sensible, et je comprends beaucoup mieux sa réaction avec le recul. Quoi qu'il en soit j'ai été retenu, et j'ai joué ma première rencontre de coupe Davis à Bastad contre la Nouvelle-Zélande.

Dans la presse, ma sélection a suscité des réactions partagées. Certains ont approuvé Lennart de donner sa chance à un jeune talent; d'autres se sont indignés par avance, persuadés que la Suède allait être éliminée de la compétition par la faute d'un joueur à peine sorti de l'enfance, et donc complètement immature.

Je me souviens d'être allé au restaurant Borgen à Bastad, peu de temps avant le début de la compétition. En entrant, nous avons découvert autour d'une table l'équipe de Nouvelle-Zélande au grand complet. Eux et nous étions les seuls clients. Nos futurs adversaires ont beaucoup ri en me regardant d'un air moqueur. Sans doute ne comprenaient-ils pas ce qu'un petit junior comme moi fabriquait dans l'équipe de Suède.

Je devais disputer mon premier match contre Onny Parun, qui était à l'époque classé parmi les dix ou quinze meilleurs joueurs du monde. Membre chevronné de l'équipe nationale de coupe Davis, il ne manquait ni d'expérience, ni d'assurance.

Après toutes ces émotions, j'étais évidemment très crispé quand mon tour est venu. Mais j'étais aussi fermement résolu à me battre jusqu'au bout pour la victoire.

Parun a gagné les deux premières manches. Après un mauvais départ dans la troisième, j'ai réussi à revenir dans la partie et j'ai gagné d'affilée le troisième et le quatrième set. Nous étions donc à égalité, mais Parun a repris l'avantage en début de dernière manche. À 3-0 en sa faveur, tout le monde croyait que le match était joué.

Jamais je ne m'étais trouvé dans une situation semblable. En cas de défaite, j'aurais sans doute éprouvé une certaine fierté d'avoir tenu cinq sets en coupe Davis pour ma première participation, mais il m'aurait manqué quelque chose. Un sportif n'est jamais entièrement satisfait tant qu'il n'a pas gagné.

J'ai donc continué à me battre bec et ongles sur chaque balle, tant et si bien que j'ai réussi à renverser le cours du match et à empocher la victoire finale!

La nouvelle a fait sensation. Tout le monde s'est exclamé que Lennart Bergelin avait eu raison de me faire confiance.

On a dit par la suite que Parun avait été

profondément affecté par cette défaite face à un gamin de quinze ans. J'ignore si c'est la vérité, mais quelqu'un a raconté qu'après le match, de retour au vestiaire, il a arraché les cordes de sa raquette. Il paraît même qu'il y serait resté enfermé tout l'après-midi et une partie de la soirée.

Lennart sait ce qu'il fait. Il l'a toujours su. S'il m'a choisi, c'est parce qu'il a du flair. Il a senti que j'avais du talent et que je pouvais devenir un grand joueur. Mais il fallait absolument que j'acquière de l'expérience, et c'est pour cette raison qu'il m'a ouvert les portes de l'équipe. Ma victoire lui a permis de faire d'une pierre deux coups. Si j'avais perdu, il aurait sans doute été limogé.

La célébrité que m'ont value mes grands débuts m'a naturellement fait très plaisir. Du jour au lendemain, les projecteurs de l'actualité se sont braqués sur moi. Tous les journaux m'ont porté aux nues. J'avais l'impression d'être sur un nuage. Quant aux journalistes, ils étaient ravis d'avoir un nouveau héros à se mettre sous la dent et ont cherché à tout savoir de ma vie depuis le jour de ma naissance. Il n'y avait pas une ombre au tableau. J'étais aux anges.

Après mon exploit, Ove Bengston a battu Simpson. À l'issue de la première journée, nous menions donc par deux victoires à zéro. Nous avons finalement remporté ce match par quatre à un.

Ces derniers temps, j'ai beaucoup repensé à Lennart. Il y a en lui quelque chose d'unique. Nous avons vécu une foule de choses ensemble. Il m'a accompagné pendant tant d'années qu'il a fini par être un deuxième père pour moi. En l'absence de mes parents, il assumait intégralement leur rôle. Partout, ma présence suscitait une sorte de frénésie dont il s'efforçait de me préserver pour que je puisse me concentrer sur mon tennis. Nous avons sillonné le monde ensemble pendant dix ans, de 1972 à 1982. Il était à la fois mon entraîneur, mon masseur et mon agent.

Un bon entraîneur doit bien sûr connaître parfaitement le tennis. Mais il est tout aussi important qu'il ait lui-même connu le plus haut niveau en tant que joueur.

À l'apogée de sa carrière, Lennart était classé neuvième ou dixième joueur mondial. Il avait donc accumulé une solide expérience, qu'il me transmettait à l'entraînement. Ses conseils m'ont permis d'éviter de répéter les erreurs qu'il avait lui-même commises dans le passé.

Quand il m'arrivait d'être déprimé, la qualité de mon jeu baissait et l'entraînement se passait mal. Il n'était pas question pour moi de dévoiler mes sentiments sur le court, mais j'avais cependant besoin de les exprimer. Lennart était toujours là pour supporter mes récriminations. Nous nous connaissions sur les doigts de la main, et comme il avait joué lui-même au plus haut niveau, il savait comment réagir quand je perdais mon sang-froid dans une chambre d'hôtel ou ailleurs. Il encaissait en silence. Il lui arrivait de rire, mais il n'exprimait jamais aucune émotion. Il savait que j'avais besoin de sérénité pour me concentrer. Lennart a tenu une grande place dans ma vie. Quand je gagnais, c'était comme s'il avait gagné lui-même. Peut-être aurais-je réussi sans lui, mais rien n'est moins certain.

Nous avons fait des millions de choses ensemble, mais il s'agit là de ma vie privée. Je préfère garder pour moi une partie de nos souvenirs communs. Quoi qu'il en soit, c'est un homme formidable.

*
**

1981 a été pour moi une année difficile. J'avais le plus grand mal à me concentrer à cent pour cent, même si mes résultats restaient bons. J'ai gagné Roland-Garros, les Masters et un certain nombre de tournois. Je suis arrivé en finale de Wimbledon et de l'US Open. Mais en entrant sur le court, j'avais l'impression d'avoir perdu la rage de vaincre. Quelque chose n'allait plus. Pour la finale de Wimbledon, cette année-là, j'ai rencontré McEnroe. Dans ma tête, j'avais déjà renoncé au tennis. J'aurais dû gagner ce match, mais le résultat ne m'intéressait plus.

Cette attitude ne me ressemblait pas. J'ai toujours détesté perdre, j'ai toujours voulu gagner. Mais le tennis ne me procurait plus de plaisir. Je n'avais tout simplement plus envie de consacrer la totalité de mon énergie à frapper dans une balle pendant quatre heures d'affilée.

Mon planning prévoyait ma participation à quinze tournois pendant l'année 1981, mais en fin de compte je n'ai pas dû en disputer plus de six ou sept. Et l'année suivante, en 1982, j'ai mis un terme à ma carrière. J'avais décidé de jouer mon dernier tournoi à Monte-Carlo. En général, j'y perdais au premier tour. Cette année-là, je devais affronter Henri Leconte. J'étais d'ores et déjà préparé à ne jouer qu'un seul match. Je ne voulais plus entendre parler de tennis.

Ma motivation s'était envolée.

En 1982, j'ai donc parlé à mes parents de mon idée d'abandonner et je leur ai demandé ce qu'ils en pensaient. Ils m'ont répondu que c'était à moi seul d'en décider, mais qu'ils me soutiendraient quel que soit mon choix.

J'ai aussi abordé la question avec Mariana, ma première femme, qui m'a fait la même réponse que mes parents. Elle s'est montrée un peu surprise, mais je tiens à préciser – malgré tout ce qui a pu être dit ou écrit à ce sujet – que nous n'avions aucun problème conjugal et que ce n'est certainement pas elle qui m'a conseillé de mettre un terme à ma carrière. Bien au contraire.

Ma décision prise, je suis allé trouver Lennart. Je savais qu'il aurait du mal à encaisser la nouvelle. Il m'aimait autant qu'il aimait le tennis, et je le lui rendais bien. Quand je lui ai fait part de mon intention, il est tombé des nues. Il était persuadé que je continuerais de jouer pendant cinq bonnes années.

Il était également certain que j'avais le potentiel pour ajouter d'autres titres à mon tableau de chasse. Mais lorsque la motivation s'en va, plus rien ne va. Et à cette époque, je n'étais plus du tout motivé.

Lennart était bouleversé. Une partie de sa vie s'effondrait. Il s'était beaucoup investi dans ma carrière. Et bien qu'il l'ait comprise, ma décision l'a attristé.

Ensuite, les événements ont suivi leur cours. J'ai continué de jouer pendant six mois. Lennart et moi avons réglé les aspects financiers de la question sans le moindre heurt. Il n'a évidemment pas été licencié, en dépit de ce qu'a affirmé la presse. Il n'y a pas eu de brouille entre nous, et personne n'a remplacé Lennart.

Le monde entier a brusquement appris que je venais de mettre un terme à ma carrière et que Lennart Bergelin était disponible. Il a reçu de nombreuses propositions et en a décliné la plupart.

Je me suis fort bien passé du tennis. J'ai enfin eu le temps de m'adonner à d'autres activités. Je me suis remis à patiner, car j'adore le hockey sur glace. J'ai aussi pu faire du ski. Si quelque chose m'a manqué, ce sont peut-être les voyages... J'ai toujours adoré courir le monde, et après un certain temps passé dans tel ou tel endroit l'envie me vient immanquablement d'aller voir ailleurs. Sans doute ce goût est-il inhérent à ma personnalité. Oui, j'aime voyager – mais pas au point de passer neuf ou dix mois par an d'hôtel, en aéroports et d'aéroport, en hôtels comme je l'ai longtemps fait.

AVANT LE MATCH

Toutes sortes de gens me demandent mon avis sur le tennis. Il s'agit d'une question délicate. À sa façon, le joueur de tennis est un genre d'artiste. Lorsque je me présentais sur le court, c'était avec l'idée que je m'apprêtais à jouer pour le public, un peu comme Pavarotti lorsqu'il entre en scène ou comme Ingemar Stenmark au départ d'un slalom. Le tennis est un art.

Concrètement, durant une bonne partie de ma carrière professionnelle je me suis entraîné deux fois par jour pendant un total de quatre heures : deux heures le matin, deux heures l'après-midi. Je m'alimentais comme tout un chacun, en mangeant des choses que j'aime : beaucoup de viande, entre autres. Je n'ai jamais été un adepte du végétarisme. Je ne suis pas spécialiste de la diététique, mais je ne crois pas qu'on puisse rassembler une énergie suffisante en se privant de poisson et de viande. D'ailleurs, je ne me souviens pas d'avoir croisé un seul grand tennisman végétarien.

La nuit qui précédait un match, j'avais besoin de calme, de me sentir au frais, et surtout d'être seul.

Je ne supportais pas de partager un lit double avec quelqu'un qui aurait risqué de me réveiller en tirant sur les couvertures.

J'ai toujours fait preuve d'une discipline très rigoureuse. Jamais je ne me suis permis de boire un verre de vin ou même de bière pendant les tournois. Quelquefois, après des mois de compétition, il m'est arrivé d'aller prendre une bière pour me détendre. Je n'ai jamais été attiré par les alcools forts. Dans les grandes occasions, le champagne n'est pas pour me déplaire.

En ce qui concerne le matériel, la raquette est évidemment l'élément essentiel. C'est le prolongement du bras. On ne met pas n'importe quelle prothèse à une personne ayant besoin d'un membre artificiel : celle-ci doit être soigneusement adaptée à sa morphologie. C'est exactement la même chose en matière de raquette. Mettez ma raquette dans la main d'un autre champion, il sera rigoureusement incapable de jouer. À chaque joueur sa raquette.

J'ai toujours employé le même modèle de raquette à Wimbledon : seule la tension du cordage variait. Certains doivent être plus tendus que d'autres, car il faut savoir choisir sa raquette en fonction du climat. Si le temps est humide, mieux vaut un cordage relativement lâche, dans la mesure où les balles seront légèrement plus lourdes. En revanche, chaque fois qu'il fait chaud et sec, un cordage tendu s'impose. Mais avant tout, pour l'équilibre psychologique, il n'est pas recommandé de changer de tension en cours de match.

J'ai utilisé ma raquette Donnay – une marque belge – pendant l'essentiel de ma carrière. Mais il m'est arrivé un temps d'être lié par contrat avec la marque américaine Bancroft. C'était exactement la même raquette, il n'y avait aucune différence avec la Donnay. Le seul inconvénient, c'est que mon contrat m'obligeait à jouer avec une Donnay en Europe et une Bancroft aux États-Unis et au Canada. À la longue, j'ai trouvé fastidieux de transporter toujours quarante raquettes avec moi. Mais la société Bancroft me proposait un contrat tellement intéressant que j'ai accepté. Il va de soi que si ces changements de raquette avaient nui à l'efficacité de mon jeu, j'aurais refusé tout net. À mes yeux, la victoire passait avant tout le reste. L'argent suivait.

Dès mes débuts, j'ai utilisé une prise de raquette originale. Je jouais les revers à deux mains. Quand j'étais petit, je jouais tous les coups à deux mains à cause du poids de la raquette. Cette technique en a agacé plus d'un au temps où je jouais à Badparken. On s'imaginait que je n'atteindrais jamais le sommet si je ne jouais pas de manière académique. À Bastad, c'était à peu près la même chose : ma prise de raquette suscitait toutes sortes de commentaires.

Elle me permettait d'attaquer la balle avec un léger mouvement ascendant au lieu de la frapper à plat. Avec Guillermo Vilas, je suis le premier à avoir vraiment exploité le lift. Nous avons commencé nos carrières en même temps, mais nous avons été formés dans des milieux très différents.

Avant nous, quelques joueurs utilisaient déjà le lift, mais pas de la même façon.

Les balles sont choisies par les organisateurs du tournoi. Les joueurs sont prévenus par avance de la marque retenue. Selon les compétitions, on utilise des balles très différentes. Les balles Penn, par exemple, ne ressemblent pas du tout aux Tretorn. Il est à la fois difficile et capital d'être capable de jouer avec tous les types de balles sur toutes les surfaces, dans la mesure où le joueur n'a pas son mot à dire sur la question.

La Tretorn Svenska était une bonne balle, surtout utilisée dans les compétitions suédoises et lorsque la Suède jouait à domicile un match de coupe Davis. Ce détail a souvent donné à l'équipe de Suède un léger avantage sur ses adversaires, car cette balle était un peu plus lourde que la moyenne. Depuis, Tretorn a opté pour des balles plus légères.

Il faut savoir adapter son jeu à chaque surface, que ce soit au fond du court, au service ou à la volée. Pour y parvenir, un tennisman doit être capable de maîtriser tous les styles de jeu. Le gazon, la terre battue, le ciment et les surfaces synthétiques sont extrêmement différents. En dehors du fait que la balle reste ronde, qu'elle rebondit et qu'on joue avec une raquette dans la main, ces surfaces n'ont aucun point commun. Le tout est de s'adapter.

AVANT LE MATCH

La tenue vestimentaire est une question de goût personnel. Il y a longtemps que le blanc n'est plus la seule couleur admise sur un court.

En un sens, je trouve la façon dont André Agassi s'habille tout à fait sympathique. À son âge, j'aurais fait exactement comme lui. C'est une simple question de mode, et sa tenue ne fait que souligner le côté exubérant de sa personnalité. En matière vestimentaire, seules les chaussures ont une véritable importance.

Il peut être utile de préciser qu'il n'existe pas de manuel de tennis qui fasse autorité, bien que plusieurs milliers de livres aient été publiés à ce sujet de par le monde. Chaque auteur a sa propre théorie. Quant au public de ce type d'ouvrages, il n'est pas formé de champions, mais d'amateurs qui cherchent simplement à s'améliorer.

Dans ma jeunesse, j'ai regardé beaucoup de tennis à la télévision, mais cela ne m'a rien appris. J'ai toujours préféré suivre ma propre voie pour progresser. Enfant, j'étais un fervent admirateur de l'un des plus grands champions de tous les temps : Rod Laver. Malgré des styles de jeu complètement différents, je crois que nous nous ressemblons en ce qui concerne le tempérament et l'attitude sur le court. Rod Laver est aussi le plus proche de moi au nombre de victoires à Wimbledon.

*\
**

Quand on joue, il faut être en forme à cent pour cent. C'est un élément essentiel pour l'équilibre psychologique. Quand je me sens fort au physique, je sais aussi que je suis capable d'être fort mentalement.

À l'heure de pénétrer sur le court, une seule chose doit compter : la victoire. Si un joueur se met alors à penser à ses problèmes physiologiques, à l'insuffisance de son entraînement ou à d'autres faiblesses, il n'a aucune chance de gagner. Trop de gens attaquent un match avec l'idée que quelque chose ne tourne pas rond ce jour-là : leur revers est trop faible, ils sont en mauvaise condition physique, etc. Ils ont déjà perdu. Il est inutile d'accuser l'arbitre, l'entraîneur, une décision injuste, un matériel défaillant ou quoi que ce soit d'autre. Au cours de ma carrière, j'ai appris à renforcer mon mental et à utiliser mon imagination de façon positive tout en veillant en permanence à garder une parfaite condition physique.

La chance et le talent m'ont permis d'éviter les blessures. En 1976, pendant le tournoi de Wimbledon, je me suis blessé au niveau de l'estomac, mais rien de grave. C'était une déchirure musculaire. Deux fois par semaine, Lennart me faisait un massage extrêmement efficace. C'est sans doute grâce à lui que j'ai si rarement été blessé. Lennart n'est pas seulement un excellent entraîneur, c'est aussi un masseur hors pair. Je me souviens que lors d'un autre tournoi de Wimbledon, j'ai souffert de maux de tête pendant trois ou quatre jours. Je ne savais pas d'où ils venaient. J'ai fini par en parler à Lennart, qui m'a palpé la nuque.

– Attends, m'a-t-il dit. Je crois que je sais ce qu'il te faut.

Il m'a aussitôt fait un massage décontractant au niveau du cou et des épaules, et mon mal de tête s'est envolé.

Je n'avais qu'une idée en tête en entrant sur le court : gagner. Premier tour ou finale, la victoire a la même valeur. J'ai toujours eu cette volonté d'être le meilleur : à l'école, sur les courts et partout ailleurs.

Cette disposition d'esprit me paraissait parfaitement naturelle. On m'avait formé ainsi. Je cherchais toujours à faire de mon mieux, sans jamais me détourner de mon objectif. Si un athlète se laisse distraire pendant un tournoi, ses résultats s'en ressentent. Quand quelqu'un venait me trouver pour me parler de ses problèmes, je le prenais automatiquement pour un fou. « Les problèmes? me disais-je. Mais ça n'existe que dans la tête des gens! Ce type doit être dérangé. »

J'estime être devenu un joueur complet au cours de la saison 1975-1976. Lennart s'est concentré sur mon service et en particulier sur ma première balle, ce qui m'a permis de faire des progrès spectaculaires. En 1976, je servais tellement bien que j'ai réussi à gagner Wimbledon. En 1971 et 1972, j'avais participé au tournoi junior de Wimbledon que j'avais gagné la deuxième fois. Pour ma première participation au tournoi senior, en 1973, j'ai été éliminé en quart de finale et en cinq sets par un joueur égyptien, Ismaïl El Shafei. En 1975, j'ai perdu contre Arthur Ashe. Mais l'année suivante, j'ai battu Nastase en finale.

McEnroe avait un service d'une vitesse et d'une puissance phénoménales. Il fallait y réagir instantanément, et c'était justement l'un de mes points forts. Je crois avoir toujours eu un bon jeu de jambes, mais aussi et surtout une sorte d'instinct. La vitesse ne suffit pas. Celui qui n'a pas cet instinct peut courir et bondir tant qu'il voudra sans le moindre résultat.

Mais ce qui compte plus que tout, je le répète, c'est d'entrer sur le terrain en se disant : « Je sais que je peux y arriver, je vais me battre, je n'ai aucun point faible. » Il faut jouer, un point c'est tout. Il arrive qu'on perde, mais l'important est de n'avoir rien à se reprocher.

Le joueur de simple est un homme seul. C'est ce qui le différencie de ceux qui pratiquent les sports d'équipe. Ceux qui jouent au hockey ou au football, voire en double au tennis, peuvent se reposer sur leurs partenaires quand ils ne sont pas au sommet de leur forme. Mais le joueur de simple, lui, n'a personne.

LE MATCH PSYCHOLOGIQUE

Un joueur de tennis doit avoir confiance en lui. Sans cette confiance, il est incapable de juger de la qualité de son jeu. Entre un joueur sûr de lui et un joueur qui doute, c'est le jour et la nuit. Trop de tennismen ont un problème sur ce plan : ils n'ont pas – ou pas suffisamment – confiance en eux. Il en résulte une baisse de concentration qui leur fait perdre des matchs qu'ils auraient dû gagner. J'ai compris cela très jeune, notamment grâce à mon père. Si la partie tournait à mon désavantage, je me mettais hors de moi. Je jetais ma raquette et me mettais à bouder. Quand j'expédiais mes balles contre la porte du garage heure après heure, jour après jour, je n'avais qu'une seule ambition : devenir le meilleur. Si je ne m'étais pas persuadé dès mon plus jeune âge que j'en étais capable, je ne me serais probablement jamais inscrit au club. J'étais déterminé à payer le prix pour devenir le numéro un.

Dans mon enfance, il m'arrivait souvent de battre des joueurs plus âgés. En me voyant de l'autre côté du filet, haut comme trois pommes, ils devaient se dire qu'ils ne feraient qu'une bouchée de moi. Mais je savais ce dont j'étais capable, et je me disais : « Peu importe ce qu'il sait faire, puisque je peux faire encore mieux. » Penser de manière positive est une condition nécessaire si l'on veut bien jouer. Une attitude négative n'apporte rien qui vaille. Il ne faut surtout pas douter. Et même si le match ne se déroule pas comme on le souhaiterait, ce n'est pas grave. Le monde ne va pas s'écrouler à cause d'un match perdu – même si, bien sûr, la défaite fait toujours mal. Voire très mal.

Je crois qu'un de mes principaux atouts a toujours été ma capacité à bien jouer sous la pression, même quand se produisaient des incidents susceptibles de me déstabiliser. Il m'est arrivé d'être mené, voire de me trouver sur la corde raide, mais sur le plan psychologique, je n'ai jamais baissé les bras. Dans ces situations-là, je continuais de jouer de mon mieux sans m'autoriser à réfléchir. On ne peut pas effacer un coup manqué. C'est la balle suivante qui est décisive. Peu importe s'il s'agit du premier ou du dernier point du match. Lors de la demi-finale de Wimbledon, en 1977, contre Gerulaitis, nous avons tous les deux passé le match à courir après des balles impossibles. Nous en avons tellement renvoyé que le public a fini par se mettre debout. Aujourd'hui encore, je garde de cette rencontre le souvenir d'un intense plaisir, et c'est sans doute en partie pour cela qu'elle est considérée comme l'un des plus grands matchs de l'histoire de Wimbledon. Par la suite, Gerulaitis et moi sommes devenus amis au point de nous entraîner ensemble.

LE MATCH PSYCHOLOGIQUE

Quand mon adversaire menait au score et sentait qu'il avait une chance de gagner, il lui arrivait souvent de moins se livrer. De mon côté, je continuais de jouer mon jeu – quand je ne me mettais pas à mieux jouer sous la pression –, et cela m'a souvent permis de renverser la vapeur. Il doit se produire un phénomène du même genre avec Ingemar Stenmark. Je pense qu'il se donne à soixante-quinze pour cent dans la première manche et à quatre-vingt-quinze pour cent dans la seconde, alors que le plupart de ses adversaires se sont déjà livrés à quatre-vingt-quinze pour cent dans la première manche et se retrouvent à cinquante pour cent seulement de leurs moyens dans la seconde.

Il m'est arrivé de jouer moins bien et de gagner quand même; là encore, c'est tout un art que de savoir gagner en jouant mal. Mais mon aptitude à me concentrer sur chaque point sans jamais baisser les bras, et à maintenir mon niveau de jeu malgré la pression, a toujours été un de mes meilleurs atouts.

À Wimbledon, lors de la finale de 1980 contre McEnroe, j'ai eu le sentiment pendant l'essentiel du match de contrôler la situation. Mais au quatrième set, après avoir eu cinq ou six balles de match en ma faveur, nous avons disputé un long tie-break, que j'ai perdu 18-16.

J'étais bien sûr assez nerveux pendant ce tie-break, mais je connaissais parfaitement mes limites. Même quand McEnroe jouait un coup magnifique, je gardais l'impression de savoir exactement ce que je faisais. J'étais parfaitement maître de moi. Toutefois, après avoir concédé le quatrième set, quand je suis allé me rasseoir sur ma chaise, j'ai brusquement pensé : « Je vais perdre ce match. Tant pis. J'ai tout essayé, mais ça ne passera pas. »

Nous jouions depuis près de quatre heures. J'avais eu cinq ou six balles de match. Quand je me suis relevé pour reprendre la partie, j'étais tellement las, tellement abattu que j'ai failli perdre sur mon service. J'ai fini par le gagner à l'arraché. Je menais donc 1-0. Nous avons changé de côté. En me rasseyant, je me suis dit : « Ce n'est pas si mal. Tu as remporté ton service. »

Il est capital de gagner son premier jeu de service quand on vient de perdre un tie-break.

« Il ne te reste plus qu'à jouer, ai-je pensé. Plus vite ce match sera terminé, plus vite tu quitteras le court. » J'étais accablé par la pression, et surtout par le fait que je n'avais pas su profiter de mes balles de match.

En mon for intérieur, je venais de prendre la décision de jouer pour jouer. Je n'étais plus obsédé par la victoire. J'avais fait ce que je pouvais! La seule chose qui me restait à faire, c'était de me battre. Après avoir pris cette résolution, j'ai servi mieux que je ne l'avais fait tout au long de la partie. Je n'ai concédé qu'un seul point sur mon service pendant l'ensemble du cinquième set. Et à chaque fois que McEnroe servait, j'obtenais au moins deux ou trois balles de break. C'était de loin ma meilleure manche, même si je ne l'ai gagnée que par huit jeux à six.

J'ai donc remporté ce match. Et pourtant, au

début du cinquième set, je m'étais fait une raison; j'étais préparé à perdre. Dans ma tête, je me voyais déjà tendre la main à McEnroe en le félicitant pour sa victoire.

L'année suivante, en 1981, j'ai retrouvé McEnroe en finale. Il m'a battu en quatre manches. Je jouais mieux que lui, et je l'avais emporté un an plus tôt au terme de cinq sets âprement disputés. C'est à Wimbledon, cette année-là, que j'ai compris pour la première fois que je n'avais plus de plaisir à jouer.

Il me manquait cette envie si particulière de vaincre à tout prix. Peu m'importait d'être sur le cour central de Wimbledon ou au Badparken de Södertälje. Cette finale ne m'intéressait pas. Après ma défaite, je ne me suis même pas senti abattu. J'avais perdu. Et alors?

Je n'ai plus rejoué à Wimbledon. Ma motivation avait disparu.

Les matchs qui m'ont laissé les meilleurs souvenirs sont ceux de la coupe Davis, où nous étions unis par un formidable esprit d'équipe. En simple, je l'ai dit, on est seul. L'esprit d'équipe a une saveur bien particulière.

Les doubles n'ont jamais été mon point fort, mais j'en ai néanmoins joué quelques-uns, notamment en coupe Davis. J'avoue m'être toujours davantage concentré sur le simple.

J'ai disputé quatre finales de l'US Open; j'en ai

perdu deux contre Connors et deux contre McEn-roe. Il me semble que j'aurais pu gagner en 1976 et en 1980. Disons que la chance m'a autant souri à Wimbledon qu'elle m'a boudé à Flushing Meadow. J'ai gagné mes premiers matchs à Wimbledon avec une bonne dose de chance. Tout bon joueur a besoin d'en avoir. A l'US Open, en revanche, j'ai toujours été malchanceux. Les balles ne m'obéis-saient pas à cent pour cent, mais seulement à quatre-vingt-dix-neuf pour cent. Ce n'est déjà pas si mal, me direz-vous. Mais quand on veut gagner, c'est insuffisant. Si j'ai joué de malchance, je n'ai aucun regret quant à la qualité de ma préparation. Je pense avoir fait tout ce qu'il fallait pour gagner.

Abordons maintenant la question de la prise d'initiative pendant le match. Il arrive que les deux joueurs restent cantonnés sur leur ligne de fond et jouent tellement bien, sans faire la moindre erreur, que le public applaudit à tout rompre. Dans ce cas, il faut bien que l'un d'eux se décide à prendre l'intiative. Soit l'on ne bouge pas et l'on frappe mille fois dans la balle, soit l'on se dit qu'il faut passer à l'action. Celui qui n'a pas la confiance nécessaire pour prendre l'initiative de varier le jeu n'a aucune chance de devenir un grand joueur. C'est exactement la même chose dans la vie. Il faut oser en toutes choses. Sinon, rien ne bouge.

J'ai rencontré trois fois Connors à Wimbledon. La première fois, c'était pour la finale de 1977. Je menais 4-0 dans la cinquième manche et 30-40 sur son service. Je disposais donc d'une balle de break qui pouvait me permettre de mener 5-0. Connors était au pied du mur. C'est à ce moment-là qu'il a joué une balle amortie diabolique, comme on n'en réussit qu'une sur cent. Il est revenu à 4-1, puis 4-2, 4-3, 4-4... C'était à lui de servir, il en a profité pour gagner le premier point. Il menait donc 15-0. Tout à coup, il se retrouvait en position de gagner. Cette amortie du cinquième jeu avait eu des conséquences psychologiques spectaculaires : Connors s'est mis à mieux jouer au moment précis où, de mon côté, je devenais trop prudent. Tout lui réussissait. Il était revenu au score et avait pris la tête. Sa confiance retrouvée se lisait sur son visage. La mienne donnait des signes de faiblesse. À ce moment-là, il a commis deux grossières erreurs. D'abord une double faute, suivie d'une faute directe. C'est alors que tout a basculé. Je lui ai repris son service et j'ai gagné le mien ensuite, ce qui m'a permis de remporter la dernière manche 6-4.

Nous nous sommes retrouvés en finale du même tournoi en 1978, et je l'ai facilement battu.

La peur appelle la défaite. Un joueur se doit d'être courageux, et tout dépend naturellement de son état de confiance. Selon le moment, il peut avoir l'impression que la balle est minuscule ou qu'elle a le diamètre d'un ballon de football. C'est une question purement psychologique. Plus la balle paraît grosse, mieux on joue, tout simplement parce qu'il semble plus facile de la toucher.

Je suis extrêmement déterminé – certains diraient même que je suis têtu. Quand j'ai décidé de faire quelque chose, je le fais. En matière de tennis, il s'agit d'une qualité précieuse.

La patience en est une autre. Quand McEnroe explose, quand Connors fait son numéro ou quand Lendl fait rebondir cinquante fois la balle avant de servir, il s'agit de garder son calme et de ne pas se laisser irriter... même si l'on suspecte que les rebonds en question ne sont pas innocents. Mieux vaut laisser son vis-à-vis faire ce qu'il veut sans lui prêter attention. Celui qui se laisse déstabiliser et proteste auprès de l'arbitre dévoile ses sentiments à l'adversaire. Il est donc préférable de ne pas les exprimer, quelle que soit la situation.

Je ne laissais pas mon opposant lire dans mes pensées. Jamais il n'était capable de deviner mes états d'âme, même lors des points importants. Cette impassibilité en a désarçonné plus d'un. Et pourtant, bien souvent, je bouillais intérieurement. J'avais envie de jeter ma raquette, de crier – je suis un homme comme un autre. Mais si j'éprouvais une intense émotion, je faisais mon possible pour ne pas la manifester sur le court. Lennart, en revanche, devait supporter tout le poids de ma colère après les matchs ou à l'entraînement. Il a vraiment fait preuve d'une patience angélique. Ma famille, elle aussi, a souvent été mise à rude contribution.

Je me souviens d'un épisode amusant. J'avais demandé à mes parents de venir à Sao Paulo pour me voir jouer. C'était en 1975. Ils avaient fait le voyage jusqu'au Brésil dans le seul but de m'encourager.

À leur arrivée, j'avais déjà passé un tour et j'affrontais l'Australien Jeff Masters. C'était un bon joueur, mais il était largement à ma portée. Malheureusement, ce soir-là, je jouais un tennis d'une pauvreté inimaginable. J'étais en colère, irritable, morose, geignard, tout ce que vous voudrez. Après avoir perdu le premier set, je me suis retrouvé en mauvaise posture au second, avec un service de retard. C'est alors que j'ai demandé à mes parents de quitter les gradins. Je me suis contenté de marcher vers eux et de leur faire un signe que personne n'a compris dans le public. Bref, je les ai mis à la porte.

Mon père a compris sur-le-champ. Lui et ma mère se sont levés et ont quitté leur place. Et presque aussitôt, j'ai renversé le cours du jeu.

Un peu plus tard, ils m'ont avoué qu'ils s'étaient réfugiés dans un coin tout en haut des gradins pour assister à la fin du match sans être vus.

Mon humeur s'est considérablement éclaircie par la suite. J'ai remporté le tournoi, et le moral est revenu. Mais il m'est arrivé maintes fois d'évacuer la pression en demandant à mes parents de quitter le court.

LE PUBLIC

Ma carrière m'a permis d'accumuler quantité de souvenirs extraordinaires. Celui de la coupe Davis 1975 est peut-être l'un des plus intenses. J'ai gagné Wimbledon, Roland-Garros et presque tous les titres, mais la coupe Davis de cette année-là a gardé pour moi une saveur inoubliable. Ove Bengston, Kjell Johansson, Rolf Norberg, Birger Andersson et moi formions une équipe fantastique. Lennart Bergelin était notre capitaine. Jouer ensemble nous procurait un plaisir fou, même si personne ne s'imaginait que la Suède avait la moindre chance de décrocher le titre.

On pensait que je gagnerais mes deux simples, mais que nous n'avions qu'une chance sur deux de remporter le double. Bref, on nous donnait tantôt vainqueurs par trois victoires à deux, tantôt perdants sur le même score. Nous avons plutôt mal commencé la compétition jusqu'à l'entrée en scène de Birger Andersson. Jamais je n'oublierai ses matchs fabuleux en Allemagne de l'Ouest – il affrontait Karl Meiler –, puis contre l'Espagnol José Higueras, toujours à l'extérieur, alors que nous avions chaque fois perdu le double. Ce sont ses extraordinaires prouesses en simple qui nous ont permis de retourner la situation dans les deux cas.

Ensuite nous avons affronté l'Union soviétique. Tous ceux qui avaient déjà joué là-bas nous ont annoncé que le public russe ne nous ferait aucun cadeau.

On répétait partout que même si je gagnais mes simples, nous n'avions pas l'ombre d'une chance. À l'époque, les Soviétiques alignaient un excellent joueur nommé Metreveli. Le match était programmé à Riga, en Lettonie. Nous nous sommes rendus là-bas dans l'idée de jouer devant un public de huit ou neuf mille spectateurs déchaînés. Quelle n'a pas été notre surprise quand nous nous sommes aperçus qu'il n'y avait pas un seul supporter soviétique dans les gradins! Nous n'en croyions ni nos yeux, ni nos oreilles. On se serait cru en Suède. Tout le public était derrière nous. Venus pour jouer au tennis sans trop nous soucier des problèmes politiques, nous n'avions pas pensé que la Lettonie avait autrefois fait partie de la Suède!

Notre victoire en finale contre la Tchécoslovaquie à Stockholm, par trois à deux, a représenté une sorte d'apothéose. Le public de Kuglingahallen nous a fantastiquement encouragés. Nous avons gagné la coupe Davis en prenant du plaisir à jouer et à être ensemble, et je crois que le monde entier a été très surpris.

LE PUBLIC

S'il n'est pas conseillé de prêter attention aux spectateurs, aucun joueur n'est capable de faire totalement abstraction de leur présence. Il arrive que le public prenne bruyamment fait et cause pour l'adversaire; cependant, en règle générale, il a toujours eu un faible pour moi, même lorsque je rencontrais un Américain aux États-Unis. Il m'est bien sûr arrivé d'entendre fuser des commentaires stupides, mais je les ai toujours soigneusement ignorés. La meilleure réplique consiste à continuer de bien jouer.

Je crois que c'est en Europe de l'Est, à l'occasion de la coupe Davis, que j'ai été le plus perturbé par le public. Par ailleurs, il n'est jamais simple de discuter les Internationaux d'Italie à Rome. Je me souviens notamment d'avoir affronté Adriano Panatta pour la finale de 1978. Vers la fin des années 70, Panatta était non seulement l'un des meilleurs joueurs du monde, mais aussi l'un des plus populaires. Le rencontrer à Rome n'était pas une mince affaire. Toute l'Italie était derrière lui, les Romains en avaient fait leur idole. Dès les premières balles, le public a pris fait et cause pour lui. Chaque fois que je commettais une double faute ou une erreur, s'ensuivait une tempête d'applaudissements. Tout le monde était contre moi. J'ai malgré tout réussi à mener deux manches à une. Au quatrième set, alors que la bataille faisait rage sur le terrain, une partie du public s'est mise à me jeter des pièces de monnaie. J'en ai reçu deux en plein visage, qui m'ont fait très mal. Je me suis mis à courir un peu partout sur le court pour ramasser les pièces, et je les ai fourrées dans ma poche par dérision. Le public a beaucoup ri, mais cela ne l'a pas empêché de continuer à me prendre pour cible. Je commençais à être déstabilisé sur le plan mental, et la qualité de mon jeu s'en est ressentie. J'ai perdu la quatrième manche. Les pièces ont continué de pleuvoir. Je suis allé parler à l'arbitre en menaçant de quitter le court, et j'ai demandé à Panatta, qui était un ami, d'essayer de calmer les ardeurs de ses fans. Ils ont enfin cessé de me jeter des pièces, ce qui m'a permis de gagner 6-3 au cinquième set. Quand le public vous est à ce point hostile, un match peut tourner au cauchemar. À Rome et à Naples, cela pose souvent des problèmes. Bergelin, Lundqvist, Schmidt et Davidsson pourraient le confirmer. En Italie, la victoire doit revenir à un Italien. Et quand un Italien se présente en finale des Internationaux de Rome, c'est l'hystérie. Cela dit, je crois que les pires spectateurs sont encore ceux qui s'ennuient à mourir et regrettent de n'être pas plutôt allés voir un match de football.

Dans le public, il existe une catégorie bien à part : celle des fans, et notamment des fans de sexe féminin. Je me souviens parfaitement de la première fois où j'ai été encerclé par une foule de vrais fans. C'était en 1973, lors de ma première participation au tournoi principal de Wimbledon. Jamais le monde du tennis n'avait connu une telle frénésie : bien que Wimbledon représente une sorte de sanctuaire de la vieille Angleterre, il suffisait que j'arrive au stade pour déclencher une émeute. Mes admiratrices étaient partout. Autour des courts, mais aussi à l'hôtel, où elles essayaient d'entrer dans ma chambre. Lennart Bergelin était obligé de se mettre en quatre pour les maintenir à distance. Cette année-là, les joueurs professionnels avaient boycotté Wimbledon. Beaucoup de vedettes étaient absentes. C'est sans doute ce qui m'a permis de devenir la coqueluche des adolescentes. En tout cas, je trouvais cette situation amusante et très flatteuse.

Comme tout un chacun, j'étais parfois enclin à me laisser tenter, mais Lennart me gardait à l'œil autant que possible. Où que j'aille, j'avais un essaim de filles aux trousses. Elles venaient même frapper à la porte de ma chambre. Au moindre bruit suspect, Lennart intervenait.

Toute personne désireuse d'entrer en contact avec moi devait passer par son intermédiaire. Tous mes appels téléphoniques transitaient par sa chambre. Tout passait par Lennart. Absolument tout. Rien ne devait troubler ma concentration. Quand on martelait à ma porte avec trop d'insistance, il passait la tête dans le couloir et ordonnait aux filles d'aller voir ailleurs.

J'ai rencontré Mariana, ma future femme, en 1976. À partir de ce moment-là, elle m'a suivi dans tous mes voyages.

À deux reprises, au cours de l'US Open, j'ai reçu des menaces, ce qui n'est jamais agréable. Sans doute provenaient-elles de quelqu'un qui ne tenait pas du tout ce que je remporte le titre. Je me suis retrouvé encadré d'une foule de gardes du corps, tant au stade qu'à l'hôtel et pendant mes sorties.

Bien que j'aie pris ces menaces très au sérieux, elles n'ont pas affecté mon tennis.

*
**

S'il y a un tournoi dans lequel je me suis toujours senti parfaitement à l'aise, c'est certainement celui de Roland-Garros. Cela tient sans doute au fait que j'y ai remporté ma première victoire dans un tournoi de Grand Chelem. C'était en 1974. Par la suite, j'ai toujours eu l'impression de jouer à Roland-Garros comme dans mon jardin. Chaque année, je retrouvais avec le même plaisir le court central. Mes sensations étaient d'emblée si bonnes que j'avais l'impression de n'avoir jamais quitté Paris et d'avoir passé l'année à m'entraîner sur cette terre rouge.

Ce sentiment de familiarité explique sans doute mes nombreux succès à Roland-Garros : six fois j'ai eu l'honneur de brandir la coupe du vainqueur à bout de bras au-dessus de ma tête. Je jouais en parfaite confiance et j'ai remporté les six finales auxquelles j'ai accédé. Alors que j'ai été quatre fois en finale à l'US Open sans parvenir à décrocher un seul titre...

En fait, pendant toute ma carrière, je n'ai perdu que deux matchs à Roland-Garros. Deux défaites seulement... face à un seul adversaire : Adriano Panatta. On sait que ce dernier était un virtuose du tennis, qui faisait des ravages sur terre battue grâce à son incroyable toucher de balle. Lors de ma première participation en 1973, j'ai perdu contre Panatta en seizième de finale. Trois ans plus tard, j'échouais à nouveau devant lui en quart de finale. Hormis ces deux défaites, j'ai donc gagné tous mes autres matchs à Roland-Garros!

C'est pourtant, indiscutablement, l'un des tournois les plus difficiles du monde. Il faut être capable de jouer cinq sets sur cette terre battue qui donne souvent lieu à des matchs marathons. Sur le plan physique, c'est le tournoi le plus exigeant du monde. Tenir le coup pendant deux semaines relève de l'exploit. Pour ces raisons, remporter Roland-Garros est un rêve que caressent tous les joueurs. Avec Wimbledon et l'US Open, c'est le titre le plus coté du circuit.

Pour avoir des chances de gagner, il faut être en excellente forme. Je me souviens ainsi d'une année où je suis passé à deux doigts du forfait. Je devais jouer à 2 heures de l'après-midi contre l'Américain Salomon en quart de finale. Le matin, en sortant de ma douche, j'ai secoué énergiquement la tête pour sécher mes cheveux, que j'avais déjà très longs, quand j'ai senti quelque chose se démettre dans ma nuque. À quelques heures d'entrer en lice, j'avais la tête bloquée. C'est pour le coup que j'aurais mérité le surnom d'Iceborg! J'avais des mouvements de robot. J'étais dans un état de panique totale. Je me suis rendu au stade, la nuque toujours dans un étau. J'ai essayé de m'échauffer lentement, mais en vain. Je ne pouvais pas rattraper une balle. Je suis allé trouver un docteur qui m'a administré un long massage. Mais la douleur était toujours présente, bien qu'atténuée. J'étais sur le point de déclarer forfait, ce qui est toujours un drame pour un joueur.

Mais la chance était avec moi. Sur le court où je devais jouer, les matchs étaient disputés avec acharnement, si bien que mon entrée en piste a été considérablement retardée. Peu à peu, j'ai repris espoir : à force de massages et d'échauffements, j'ai pu enfin tourner la tête à gauche et à droite. Lorsqu'on m'a appelé pour le match, j'avais bien récupéré. J'ai pu jouer sans trop de mal et j'ai gagné la partie, dont j'étais d'ailleurs le favori. Si on m'avait demandé d'entrer sur le court deux heures plus tôt, comme le prévoyait le programme, j'aurais certainement été contraint de renoncer à mes ambitions.

Six titres en six finales... On pourrait croire que cela a été facile. En fait les joueurs savent que les matchs faciles sont rares et que les finales faciles n'existent pas. Les plus disputées ont été celle de 1981, où je me suis imposé face à Lendl 6-1 dans le cinquième set, et ma première finale en 1974 contre Manuel Orantès.

Contre Orantès, je ne partais pas favori. L'année précédente, je m'étais cependant fait remarquer en passant trois tours en dépit de mon jeune âge. Mais mon parcours exceptionnel l'année suivante n'en a pas moins surpris tout le monde, moi le premier. Le public a pris fait et cause pour moi. J'étais le jeune joueur inconnu qui venait défier un des meilleurs spécialistes de la terre battue, grandissime favori de l'épreuve. Ma victoire au cinquième set m'a acquis les faveurs du public parisien, qui m'a toujours soutenu par la suite.

LES ADVERSAIRES

Le public aimait par-dessus tout me voir affronter McEnroe ou Connors. Comme les spectateurs étaient sûrs de voir du beau tennis, les gradins étaient toujours combles dans ces cas-là. McEnroe et Connors occupent une place à part dans mes souvenirs. Nous nous sommes régulièrement croisés pendant des années.

Arthur Ashe a lui aussi marqué son époque, mais il se trouvait déjà en fin de carrière. C'était un homme d'un calme impressionnant. Son comportement, surtout comparé à celui de Connors ou de McEnroe, avait quelque chose de philosophique. Sans doute éprouvait-il des émotions, mais il se gardait bien de les montrer. Sur le court, rien ne pouvait le distraire. De ce point de vue, je crois que je lui ressemble. Lequel de nous deux était mentalement le plus fort, je ne saurais le dire. Je n'ai pas eu souvent l'occasion de le rencontrer. Comme chacun sait, il est récemment mort du sida. Il était devenu séropositif à la suite d'une transfusion sanguine. Ashe était non seulement un grand joueur, mais aussi une forte personnalité, et je regrette de ne l'avoir pas mieux connu.

McEnroe est un garçon sympathique. Nous avons l'un pour l'autre un grand respect. Cela dit, quand il entre sur le court, c'est une tout autre affaire... Tout le monde connaît ses sautes d'humeur. Il lui arrive de se mettre dans des rages folles. Et malgré tout, le public adore le voir jouer – comme s'il entretenait avec John une sorte de relation d'amour-haine. Jouer avec lui ne m'a jamais posé aucun problème particulier.

Un jour, alors que nous nous affrontions au Madison Square Garden de New York – il me semble que c'était lors des Masters, en 1980 ou 1981 – c'est moi qui m'en suis pris à l'arbitre de chaise.

Nous étions en demi-finale. J'avais gagné le premier set 7-6. Au deuxième set, nouveau tie-break. Alors que je menais 2-0, McEnroe a expédié une balle dehors, mais le juge de ligne l'a déclarée bonne. Je suis allé protester auprès de l'arbitre. C'était la première fois de ma carrière – et ce devait sans doute être la seule – que je me conduisais ainsi. Très calme, j'ai demandé à l'arbitre :

– Êtes-vous sûr d'avoir bien vu cette balle?

– Oui. Elle est bonne.

La balle en question avait touché le sol à dix bons centimètres en dehors des limites du terrain. Il s'agissait d'un point important, qui aurait dû me permettre de mener 3-0 dans le tie-break. McEnroe et moi jouions tous les deux très bien et étions aussi tendus l'un que l'autre. Quelque chose m'a poussé à insister, même si je savais que je n'avais aucune chance d'inverser la décision.

À cette époque, la limite du temps existait encore. L'arbitre m'a expliqué que si je ne reprenais pas le jeu, je serais pénalisé d'un point toutes les quarante-cinq secondes. Nous en étions à 2-1.

– Si vous ne reprenez pas votre place tout de suite, m'a-t-il répété, le socre va passer à 2-2.

– Comme vous voudrez, ai-je répondu. Annoncez 2-2 si ça vous fait plaisir.

Ce qu'il a fait quelques secondes plus tard. Vingt mille personnes se sont levées comme un seul homme en criant à tue-tête. Le public était en ma faveur, d'autant plus qu'il ne m'avait jamais vu protester. Toujours aussi calme, j'ai demandé au juge de chaise ce qu'il comptait faire. S'il était têtu, j'étais décidé à lui montrer que je pouvais l'être aussi.

Le score est passé à 3-2 en faveur de McEnroe, puis à 4-2 et à 5-2. Planté au pied de la chaise, je regardais l'arbitre. Quand il a annoncé 6-2, je lui ai lancé :

– Bravo. Vous avez fait du bon travail!

Sur ce, je suis revenu sur le court avec le sentiment d'avoir eu entièrement raison de protester.

McEnroe a gagné le tie-break 7-2.

Nous nous retrouvions donc à une manche partout.

Finalement, j'ai remporté le dernier set au terme d'un nouveau tie-break. Nous avions livré un match superbe. C'est sans doute la seule fois où j'ai protesté en jouant contre McEnroe. Il me fixait d'un drôle d'air, comme s'il avait l'impression que j'étais devenu fou. « C'est moi qui suis censé faire du scandale, semblait dire son regard. C'est ma spécialité, pas la tienne. »

Il ne m'avait jamais vu dans un tel état. McEnroe savait sans doute que sa balle était dehors, mais rien n'aurait pu le lui faire admettre sur le moment. Après coup, ce genre d'incident prête plutôt à rire. C'est ce que nous avons fait l'un comme l'autre. Mais seulement après...

Connors, lui, est un authentique guerrier. Il continue de jouer, et il joue bien. J'admire sincèrement sa capacité à investir tant d'énergie dans son tennis. Cela dit, il s'est parfois permis des gestes obscènes que je réprouve, surtout quand on sait que beaucoup de parents emmènent leurs enfants pour leur permettre de voir jouer ce formidable champion.

Chaque année, les vainqueurs des quatre tournois du Grand Chelem (Wimbledon, Roland-Garros, Internationaux d'Australie et US Open) se retrouvaient en Floride pour la coupe du Grand Chelem. Connors et moi nous sommes souvent rencontrés en finale. Les premières fois, il a gagné sans trop de problèmes. Mais un jour, je l'ai battu à plate couture, notamment en lui infligeant un 6-2. À la conférence de presse d'après-match, il s'en est pris à tout ce qui lui passait par la tête pour justifier sa défaite. En présence d'une foule de journalistes, j'ai fini par dire de but en blanc :

– Ce type ne supporte pas d'être battu. C'est un mauvais perdant.

Jamais je ne lui avais parlé sur ce ton. C'était même sans doute la première fois que quelqu'un lui faisait directement la remarque. En tout cas, il a aussitôt cessé de se plaindre. Je pense qu'il a compris que j'avais dit cela pour son bien, et non pour le blesser.

J'ai eu le plaisir de revoir Connors aux États-Unis en 1992. J'ai très envie de rejouer contre lui, et je suppose que la réciproque est vraie. Ce match finira par avoir lieu. Connors est un formidable battant.

Nastase possède lui aussi une personnalité excentrique. Mais si les gesticulations obscènes de Connors furent quelquefois navrantes, les siennes ont toujours fait rire le public. Cela dit, Nastase était un excellent joueur avant d'être un pitre. Il a toujours compté parmi mes amis, bien qu'il nous soit parfois arrivé de nous comporter en adversaires sur le terrain. Nous nous sommes affrontés pour la première fois pour la finale de Wimbledon en 1976. La qualité de son jeu a commencé de baisser vers la fin des années 70, mais il est resté très bon jusqu'en 1977. Il l'était davantage encore en 1976, année où je l'ai battu à Wimbledon, puis en demi-finale de l'US Open. À cette époque, il figurait probablement parmi les deux ou trois meilleurs joueurs au monde. Nous nous connaissons très bien, et j'estime qu'il a beaucoup apporté au tennis. Toutefois, bien que nous ayons disputé ensemble d'excellents matchs, la bagarre avec Nastase était moins intense qu'avec McEnroe ou Connors.

Mon premier match contre Vitas Gerulaitis remonte à 1972, me semble-t-il, lors d'un tournoi junior à l'Orange Bowl de Miami. Par la suite je l'ai souvent rencontré, entre autres en demi-finale à Wimbledon et à Flushing Meadow, ainsi qu'en finale de Roland-Garros. Nous avons disputé entre vingt et vingt-cinq matchs officiels et il ne m'a jamais battu, ce qui ne nous a pas empêchés de devenir d'excellents amis. Nous avons même pris l'habitude de nous entraîner ensemble après notre fameux match de 1977 à Wimbledon, que j'ai remporté par 8-6 au cinquième set.

Nous jouions ensemble quatre heures par jour, en nous amusant beaucoup. Sans doute cela lui a-t-il permis d'améliorer son tennis. Vitas a toujours été très exigeant; il s'entraînait sans cesse afin d'être capable de donner le meilleur de lui-même. Naturellement, j'en ai aussi profité.

Si les grands champions jouent dans un esprit de fair-play, ils ne font aucun cadeau à leur adversaire.

On m'objectera qu'à l'âge de dix-sept ans, pour sa première participation à Roland-Garros, Wilander a eu l'élégance de rendre un point douteux à son adversaire. Je suis certain qu'il se serait comporté différemment cinq ans plus tard. En dépit de ses grandes qualités, Mats aurait laissé à l'arbitre le soin de décider.

LES ADVERSAIRES

Je crois qu'à mon époque, Connors et McEnroe étaient les plus forts du circuit sur le plan mental. Ils l'ont prouvé l'un et l'autre en se maintenant constamment à leur meilleur niveau, année après année, quel que soit le match ou l'enjeu du tournoi.

Un amateur peut décider de laisser filer le set en cours afin de se réserver pour le suivant, ou se dire que tel ou tel point n'est pas important. Le professionnel, lui, se livre à fond dès le premier coup de raquette. Il considère toujours la balle à venir comme une balle de match. Il m'est souvent arrivé, après avoir été mené au score, de revenir dans la partie et de retourner la situation en ma faveur. Cette faculté de bien jouer en position délicate a été une de mes grandes forces.

Même lorsqu'on est mené, rien ne permet de juger de l'état d'esprit de l'adversaire. Il peut très bien paraître sûr de lui sans que ce soit vraiment le cas.

Voilà pourquoi il ne faut jamais laisser filer un set. Si d'aventure vous arrivez à remonter au score, vous prendrez un avantage psychologique considérable sur votre adversaire. Un professionnel ne baisse jamais les bras. Il doit détester la défaite autant qu'aimer la victoire. Cela dit, quand il lui arrive de perdre, il faut qu'il sache l'oublier vite. Toute défaite fait mal. On doit néanmoins se garder de le montrer. Si un enfant peut se permettre de jeter sa raquette par terre en pleurnichant, le champion doit garder ses émotions pour lui et être capable d'effacer les mauvais moments de sa mémoire.

L'EXIL

J'ai quitté la Suède à l'automne 1974 – plus précisément au mois de novembre. C'était une décision difficile à prendre : je n'avais que dix-huit ans. À cette époque, nous vivions à Södertälje, où mes parents tenaient une épicerie. Ils ont décidé de tout laisser derrière eux pour me suivre à Monte-Carlo.

Mes parents m'ont toujours soutenu à cent pour cent, je l'ai dit. Lorsqu'il s'est avéré que je pouvais réussir dans le tennis, la question financière a pris une grande importance. Bien qu'une carrière professionnelle ne dure qu'un temps, l'État suédois prélevait 80 % de mes revenus sous forme d'impôts. En faisant nos valises, nous sentions tous avec un petit pincement au cœur que nous partions pour longtemps, un peu comme les émigrants d'autrefois.

Jamais un athlète n'avait quitté la Suède pour des raisons fiscales. J'étais le premier. Depuis, bien d'autres m'ont emboîté le pas. La nouvelle de mon départ a fait l'effet d'une bombe, même si la plupart de mes concitoyens n'étaient peut-être pas aussi choqués que la presse a bien voulu le laisser entendre. On estimait que je devais rester en Suède et payer les impôts prévus par la loi. C'est à cette époque que les journaux ont commencé à projeter une image négative de moi. J'ai fait la une de toutes les feuilles à scandale du pays. À l'étranger, la presse s'est montrée nettement plus mesurée. Mais en Suède, apparemment, traîner Borg dans la boue constituait un excellent moyen d'augmenter les ventes.

Curieusement, quelques années plus tard, cette même presse s'est contentée de souhaiter bon vent aux autres athlètes suédois qui choisissaient l'exil! Avant cette affaire, je m'étais montré relativement ouvert avec les journalistes. Mais j'ai eu l'impression qu'ils m'accablaient de reproches par pure jalousie, simplement parce que je gagnais beaucoup d'argent et que j'avais décidé de m'établir à Monte-Carlo. C'est alors que mon attitude envers la presse a changé; à partir de ce moment, puisque tout ce que je disais était mal interprété, je me suis montré beaucoup moins complaisant. Cela dit, je tiens à préciser que bien des gens m'ont souhaité bonne chance à mon départ de Suède.

En 1973, j'ai signé un contrat avec l'IMG, qui était à l'époque – et reste – la plus connue des organisations chargées de gérer les intérêts des sportifs de haut niveau, et aussi de certains danseurs étoiles. J'avais le choix entre deux managers possibles : Mark McCormack, de l'IMG, et Donald Dell. McCormack jouait au golf, Dell au tennis. Je me souviens d'avoir pris la décision moi-même, non sans avoir demandé son avis au grand Rod Laver.

– Prenez McCormack, m'a-t-il répondu.

J'ai suivi son conseil.

L'IMG m'a été très utile sur le plan financier. L'organisation s'occupe des contrats concernant les tournées d'exhibition, propose aux champions une assistance juridique, fiscale, et ainsi de suite. Ses membres sont des professionnels compétents. Parmi ceux avec qui j'ai eu d'excellents rapports, je citerai Julian Jakobi, John Webber et Peter Worth. Ce dernier était chargé de mes intérêts en Europe dans les années 70. David Amstrong, lui, jouait le même rôle en Amérique. Par la suite, il a été remplacé par Bob Kane, qui travaille toujours à l'IMG et avec qui je suis resté en contact. Aujourd'hui, c'est mon ami Bill Ryan qui gère mes activités sportives. En 1974, quand s'est posé le problème du départ de Suède, je me suis tourné vers Mark McCormack et Ian Todd, le responsable européen de l'organisation. Ce sont eux qui m'ont conseillé Monaco. Je recherchais un endroit où je puisse me sentir heureux sans payer tous ces impôts aussi écrasants qu'injustifiés. Je passais dix mois par an à voyager de tournoi en tournoi, mais il était très important que mes parents puissent s'établir à leur aise pour entreprendre une nouvelle vie.

Le choix de Monaco s'est imposé très vite. Je m'y suis donc installé en 1974, et l'IMG nous a beaucoup aidés, ma famille et moi, à y ouvrir une boutique de tennis dès l'année suivante.

Aujourd'hui encore, d'une certaine façon, je trouve très agréable de vivre hors de Suède.

Je suis plus indépendant et plus libre de mes mouvements. Et pourtant, je sais que je serai toujours suédois dans l'âme. Chaque fois que je retourne en Suède, j'ai l'impression de rentrer chez moi. Je souhaite que mon fils Robin reçoive une éducation à la suédoise. Mes parents ont là-bas une résidence secondaire où nous pouvons profiter de la douceur de l'été de mon pays et de la beauté unique de ses paysages. On ne renie pas ses racines.

Je crois et j'espère avoir apporté quelque chose aux Suédois et à la Suède. Chaque fois que j'ai remporté un tournoi important, j'ai ressenti un grand bonheur pour moi-même, bien sûr, mais aussi pour mon pays, en m'imaginant la joie et la fierté de mes concitoyens. C'est pourquoi j'espère bien qu'un jour, une rue de Södertälje portera mon nom.

Les Suédois m'ont toujours fantastiquement soutenu. Que ce soit à Södertälje ou à Monaco, je recevais des lettres de fans du monde entier. À l'époque où je jouais, elles arrivaient chaque jour par centaines; toutes n'étaient pas aimables, loin de là. Mais aujourd'hui, je reçois presque uniquement des lettres d'encouragement. Dans les moments où la presse s'acharnait contre moi, où les procès s'accumulaient, il m'est arrivé de recevoir jusqu'à trente lettres de soutien par jour, surtout écrites par des Suédois. Plus les journaux m'attaquaient, plus mes compatriotes me témoignaient leur solidarité.

LA PRESSE

J'ai souvent repensé à un désagréable épisode survenu après mon départ de Suède, quand j'ai remporté mon premier titre à Wimbledon en 1976. Un célèbre journaliste sportif a osé écrire, dans le journal *Arbetet*, me semble-t-il, quelque chose comme : « Quel dommage que le récent vainqueur de Wimbledon ne soit pas suédois! » Voilà qui est très intéressant. Ce monsieur pensait à l'évidence que l'État suédois était directement à l'origine de 80 % de mes revenus, et qu'il avait donc le droit d'exiger que je les lui restitue. Cette déclaration m'a profondément blessé, d'autant que le même journaliste, un peu plus tard, a dormi pendant la totalité d'un match que je disputais pour les quarts de finale des Internationaux d'Italie. Après ma victoire, il s'est réveillé, a demandé à ses collègues qui avait gagné et s'est précipité sur un téléphone pour faire son compte rendu.

Cette façon de procéder en dit long sur une partie de la presse suédoise. D'une manière générale, les journalistes sportifs me paraissent incompétents. Ils passent leur temps à émettre des avis définitifs sans savoir au juste de quoi ils parlent. Je crois pouvoir dire sans me vanter que je connais assez bien certains sports. Mais en ce qui concerne les autres, j'évite de me répandre en commentaires.

Après certaine finale de Wimbledon, la presse suédoise m'a accusé de dopage. Je m'étais déchiré un muscle abdominal et je recevais une injection quotidienne depuis les quarts de finale. La douleur était tellement forte que j'arrivais à peine à me lever le matin. Mon état n'a fait qu'empirer pendant le tournoi.

Quel rapport avec le dopage?

Une drôle d'affaire a également éclaté après une tournée d'exhibition effectuée avec Vitas Gerulaitis à travers l'Europe et en Israël. Nous venions de jouer un match difficile à Tel-Aviv. Le lendemain, jour de repos, nous avons visité Jérusalem avant d'aller nous baigner dans la mer Morte. L'eau de cette mer, dit-on, est si salée qu'on y flotte sans avoir besoin de nager. J'ai tenu à le vérifier par moi-même. C'est la pure vérité! En sortant du bain, nous avons aperçu une dizaine de soldats israéliens qui venaient à notre rencontre sur la plage. Après nous avoir reconnus, ils ont entamé la conversation, puis ont demandé la permission de nous prendre en photo. Nous avons accepté de bon cœur et posé devant eux tout en continuant à bavarder. L'un des soldats m'a ensuite demandé d'enfiler son treillis et de tenir sa mitraillette. Je l'ai fait, persuadé qu'il voulait simplement montrer ces clichés à sa famille et à ses amis. Mais peu après, ces photos ont été publiées dans la presse. Vitas n'y apparaissait pas. On ne voyait que Björn Borg en uniforme, une mitraillette au poing. Et comme de bien entendu, on s'est empressé de prétendre que je soutenais Israël contre les Arabes! L'affirmation était complètement grotesque. Je garde pour moi mes opinions politiques, et jamais je n'aurais posé dans une telle tenue autrement que par plaisanterie. J'ai toujours pensé qu'il ne faut pas mêler le sport et la politique. Le sport devrait être strictement apolitique. Je trouve absurde que certains sportifs ne puissent pas participer aux jeux Olympiques en raison de leur nationalité. Tout le monde devrait avoir le droit de se présenter au plus grand de tous les rassemblements sportifs. Quoi qu'il en soit, ces photos ont été si largement diffusées par les médias que j'ai reçu des menaces de mort signées par les Brigades rouges. On m'a annoncé que je figurais sur leur liste noire. Après une enquête approfondie, il s'est avéré que ces menaces étaient fausses. Il n'en reste pas moins que ces photos m'ont valu beaucoup d'ennuis. Une fois de plus, l'affaire avait été lancée par la presse suédoise.

**

Plusieurs années plus tard, quand j'ai été hospitalisé en Italie à la suite d'une intoxication alimentaire, les journalistes se sont aussitôt lancés à mes trousses. J'avais pris des cachets somnifères après un dîner accompagné de vin. Je me suis senti mal et il a fallu me conduire à l'hôpital pour un lavage d'estomac. Quelques heures plus tard, j'ai quitté l'établissement de mon propre chef. Ce n'était rien de grave. Et pourtant, les journaux se sont empressés de saisir l'occasion pour crier à la face du monde que Björn Borg avait tenté de se suicider.

Une intoxication alimentaire suivie d'un bref passage à l'hôpital pour subir un lavage d'estomac ne suffit pas à augmenter le tirage d'un journal. Aussi la presse a-t-elle inventé de toutes pièces une rumeur selon laquelle j'avais ingurgité entre soixante et cent somnifères. Incroyable! Non content d'avoir résisté à l'ingestion d'une centaine de cachets, j'aurais pu rentrer tranquillement chez moi à pied quelques heures après mon admission à l'hôpital. Je doute qu'un éléphant soit capable d'un tel exploit!

Le 3 juillet 1990, le *Dagens Nyheter* a publié l'interview d'un médecin de l'hôpital en question. Je cite l'article, signé Gunilla Tengvall :

« *Question* : combien de cachets de Rohypnol a-t-il pris?

– À aucun moment je n'ai parlé de Rohypnol. Vous le savez très bien. Veuillez ne pas l'oublier!

– Soit. Combien de cachets a-t-il avalés?

– C'est difficile à dire. Sur ce point, les informations divergent.

– Était-il inconscient lors de son admission?

– Oui, mais nous l'avons ranimé sans aucun mal. Il a suffi de quelques petites tapes sur le visage.

– Quand il a été interné, il n'y avait que quelques heures qu'il avait consommé ces cachets. Est-il possible de ranimer quelqu'un avec une telle facilité si peu de temps après une tentative de suicide par ingestion de somnifères?

— Non. Ce n'est pas possible.

— Que pensez-vous du nombre de soixante cachets avancé dans la presse? Se peut-il qu'il en ait pris autant?

— Certainement pas.

— Y a-t-il quelque chose dans son dossier qui soit susceptible d'indiquer une tentative de suicide?

— Non.

— Il était pourtant inconscient. C'est pour cette raison que sa femme, Loredana, l'a conduit ici.

— Oui.

— Y a-t-il quelque chose dans son dossier qui soit susceptible d'indiquer une intoxication alimentaire? C'est l'explication que Björn et Loredana ont avancée.

— Non. Mais il se peut que ce point ait été omis sur le dossier parce qu'il a été jugé secondaire. Ce sont les cachets qui sont à l'origine de son malaise.

— Leur dosage était trop important pour provoquer un sommeil normal, et trop faible pour être attribué à une tentative de suicide. C'est bien cela?

— Oui.

— Dans ce cas, de quoi s'agit-il?

— Je vous renvoie la question. »

Cet événement forgé de toutes pièces a été exploité par mon ancien associé Lars Skarke lorsqu'il a intenté contre moi son absurde action judiciaire. Tout cela est profondément grotesque!

Les journaux n'ont pas manqué de matière à scandale pendant cette période-là. Et même si j'ai fini par me constituer une carapace mentale contre toutes les calomnies qui se sont abattues sur moi et sur ma famille, je ne crois pas qu'on puisse s'en sortir entièrement indemne. On m'a traité de tous les noms – si ce n'est d'assassin et d'homosexuel, mais cela finira bien par venir. La presse a réussi à dresser de ma personne le portrait le plus hallucinant qu'on puisse imaginer. Il n'est pas agréable d'apprendre dans les journaux qu'on a essayé de se supprimer. Même si je m'efforçais d'éviter de les lire, je n'en savais pas moins que l'opinion n'avait que mon nom aux lèvres. J'ai un moral d'acier, mais ces affaires m'ont néanmoins beaucoup atteint. Les coups bas portés par la presse font mouche. À chaque fois.

La Suède n'est naturellement pas le seul pays au monde où les médias soient capables de déformer la vérité à leur guise. Mais ailleurs, les champions de tennis sont le plus souvent traités en héros, tant dans les journaux à sensation que dans les plus prestigieux hebdomadaires. On sait rendre hommage à ceux qui ont réussi dans un métier parsemé d'embûches.

J'ai parfois le sentiment que les journalistes suédois qui font preuve d'indulgence envers moi sont aussitôt attaqués par les autres. Quand je suis rentré en Suède, dans les années 80, ma carrière était terminée. Dans un premier temps, on m'a laissé en paix. Mais peu à peu, les articles à mon sujet se sont multipliés – je sais bien que mon nom permet d'accroître les ventes et qu'il n'y a rien de mal à cela, mais tout de même...

Je me souviens qu'en mai 1974, au moment des Internationaux d'Italie, j'ai été accosté par un journaliste qui m'a proposé de faire la couverture de *Newsweek*.

– *Newsweek*? ai-je naïvement répondu. Qu'est-ce que c'est?

Mon interlocuteur m'a expliqué qu'il s'agissait d'un magazine très célèbre. Cela dit, j'ai longtemps hésité.

Aujourd'hui encore, je me demande pourquoi on souhaitait m'avoir en couverture – j'ai certes gagné à Rome puis à Roland-Garros cette année-là, mais cela se passait avant le tournoi. Paraître en couverture de *Newsweek* équivalait à une consécration. Quelques années plus tard, après une de mes victoires à Wimbledon, on m'a proposé la couverture de *Time*. Mais à cette époque, j'étais parfaitement conscient de ce que cela représentait.

*
**

En revanche, mes démêlés judiciaires avec le magazine *Z*, en 1990, ont constitué un véritable traumatisme.

Jannike, la mère de mon fils, Robin, m'a accusé dans la presse de me droguer. Elle s'est laissée manipuler par des journalistes sans scrupule. Nous étions en plein procès au sujet de la garde de Robin lorsque le magazine *Z* a publié ces accusations. Jannike savait que je serais amené à révéler certaines informations pouvant lui être préjudiciables au cours de la procédure, qui se déroulait à huis clos. Elle m'a devancé en acceptant de parler aux journalistes, qui se sont empressés de voler à son secours. C'était le moment idéal, tant pour elle que pour le magazine : *Z* voyait dans l'affaire une belle occasion d'augmenter ses ventes, et Jannike espérait obtenir pour elle seule la garde de Robin. Elle n'y est pas parvenue.

On a clamé haut et fort que j'étais dépendant de la cocaïne et que j'en vendais. On m'accusait de tous les méfaits à la fois. J'ai eu l'impression qu'on me poignardait dans le dos. Dans son livre intitulé *Dans l'œil du cyclone*, Henning Sjöström, qui était à l'époque mon avocat, a bien décrit la situation :

« Ces minuscules détails tirés de la vie privée de Björn Borg, ces affirmations sans preuve et ces rumeurs sont totalement hors de proportion. On l'a présenté comme un parasite qui aurait perdu son aura. Cette image a été véhiculée non seulement par la presse à scandale, mais par l'ensemble des médias suédois. Comme il avait pour habitude de ne jamais répliquer, s'en prendre à lui était un jeu d'enfant.

» Lorsque Björn m'a demandé de poursuivre le magazine, j'ai aussitôt pensé que son glorieux passé me permettrait de mettre facilement un terme à ces articles odieux.

» Le magazine *Z* n'était pas le seul à avoir diffusé ces fausses informations. Comme toute la presse avait plus ou moins repris l'article en question, nous n'avons guère été soutenus par les autres journaux pendant le procès. La veille de l'ouverture du procès, l'*Aftonbladet* s'est même lancé dans les grandes manœuvres en publiant plusieurs pages de témoignages pour le moins douteux, d'où il ressortait que Björn Borg avait consommé de la drogue en plusieurs occasions. Tout cela ne visait qu'à influencer le jury à la veille du procès. »

Je me souviens avoir eu l'impression que le monde cessait de tourner lors de la seconde journée d'audience. Tous les regards se braquaient tour à tour sur moi et sur Henning. Je passais mon temps à me demander ce que pensaient les jurés. Comme au tennis, je m'efforçais de maîtriser mon impatience. J'ai écouté sans mot dire la partie adverse présenter une version déformée des faits à seule fin d'égarer le jury.

Tout avait commencé le 18 octobre 1989. Ce jour-là, les gros titres annonçaient des choses aussi charmantes que « Ma vie de rêve avec Björn Borg et la cocaïne », ou « L'oiseau qui en savait trop ». Jannike et moi étions séparés depuis deux ans. Après une tentative de réconciliation, nous avions définitivement rompu en juin 1988. Jannike s'est vu proposer 350 000 couronnes suédoises – environ 50 000 dollars – par le journal à scandale anglais *The News of the World* pour déclarer que je consommais de la cocaïne. L'interview a eu lieu à Londres le 1er octobre. Non contente d'affirmer que j'avais pris de la drogue lors d'une soirée à New York et dans une boîte de nuit de Stockholm, elle a également prétendu que j'étais toxicomane.

Le magazine *Z* est parvenu à reprendre ses

déclarations en lui offrant 40 000 couronnes – environ 5 500 dollars. Les deux articles en question empestent le scandale à plein nez.

Après l'intervention de Henning et des avocats de l'IMG en Angleterre, nous avons réussi à bloquer la parution de *News of the World*. Sans doute les responsables du titre ont-ils compris que la publication d'un article aussi calomnieux risquait de leur coûter cher. En Angleterre, contrairement à ce qui se passe en Suède, le montant des dommages et intérêts est souvent dissuasif.

La diffamation est théoriquement passible de prison, mais il est rare que la loi soit appliquée. En Suède, la sentence se borne généralement à exiger le paiement de dommages et intérêts qui, pour la presse, ne dépassent jamais 50 000 couronnes (7 000 dollars). La direction de Z n'a pas été longue à faire ses comptes. En se fondant sur un tirage de quatre-vingt-dix mille exemplaires, elle pouvait espérer une rentrée supplémentaire de 1,2 million de couronnes (environ 170 000 dollars) en publiant l'article. Le montant des dommages et intérêts, selon moi, aurait dû être égal à cette somme. Je trouve injuste qu'un magazine, quoique condamné, puisse empocher le bénéfice de son forfait. C'est un peu comme si on autorisait un bandit arrêté à garder son butin juste après l'attaque d'une banque. Déduction faite des sommes versées pour dommages et intérêts, le bénéfice net rapporté par l'article représentait environ 1 million de couronnes (140 000 dollars). Même si la liberté de la presse est un droit sacré, c'est inacceptable, d'autant que pour moi les blessures causées par le magazine Z ne se refermeront jamais totalement.

En de nombreuses occasions, mon premier réflexe m'a poussé à tenter de riposter aux horreurs que l'on écrivait à mon propos, sur Jannike ou sur Loredana. Chaque fois je finissais par admettre qu'étant donné le système judiciaire suédois, c'était peine perdue. Cependant, l'accusation de Z était si grave que si je m'étais muré dans le silence, la plupart des lecteurs auraient cru à sa véracité. Il était d'autant plus important de réagir que nombre de jeunes joueurs suédois voient en moi un modèle. J'ai été contraint de poursuivre le magazine, au risque d'attirer sur l'affaire l'attention de l'ensemble des médias.

Henning a donc porté plainte. Je réclamais 350 000 couronnes (50 000 dollars) de dommages et intérêts, afin que le magazine éprouve dans sa chair le prix de la diffamation. Le dépôt de cette plainte m'a soulagé.

Mais nos tracas n'ont pas cessé pour autant : les gros titres qui s'acharnaient sur Loredana et moi nous faisaient l'effet d'autant de coups de poing. Il se peut que j'aie donné l'impression de n'être pas affecté par ce qui se passait, comme quand je jouais au tennis, mais au fond de moi-même je n'avais qu'une envie : disparaître en fuyant le plus loin possible.

Je me souviens de m'être plusieurs fois rendu en voiture au tribunal de Stockholm. Le seul fait d'imaginer la foule des journalistes, les mille questions qu'on me poserait et tous ces regards fixés sur moi suffisait à me nouer l'estomac. Fallait-il me défendre? me demandais-je souvent. Étant donné la gravité des accusations, la réponse s'imposait d'elle-même : je devais me battre jusqu'au bout. En arrivant, je trouvais chaque fois les journalistes agglutinés aux portes du tribunal.

Je n'étais pas le seul à être tendu. Les avocats de la partie adverse, Peter Danowsky et Bengt Nilsson, l'étaient autant que moi. Nilsson détenait une pièce à conviction qu'il prétendait capitale : l'enregistrement de l'interview accordée par Jannike au magazine *Z*. Il avait aussi une transcription écrite du contenu de la cassette. Henning, mon avocat, lui a demandé l'autorisation de lui emprunter ce document, et Nilsson a accepté, non sans rechigner. Quand l'enregistrement a été diffusé à l'audience, Henning a griffonné quelques notes entre les lignes de la transcription. Il a aussi posé plusieurs questions sur les passages de l'interview que nous trouvions douteux. Il se peut que Bengt Nilsson se soit senti embarrassé, car il s'est avancé vers nous pour lire lui-même le texte de la transcription. En découvrant les notes de Henning, il a ouvert des yeux ronds, s'est mis à hurler que nous cherchions à saboter ses pièces à conviction et nous a littéralement arraché le document des mains. À en juger par la place accordée à l'incident dans les journaux du soir, c'est typiquement le genre d'anecdote dont les pisse-copie adorent truffer leurs colonnes.

Quand la partie adverse a présenté des pièces qui n'étaient pas mentionnées dans l'article que nous attaquions, Henning a sollicité une suspension d'audience et la permission d'appeler à la barre un témoin clé.

Il s'était déjà entretenu avec le témoin en question et savait que sa déposition, effectuée sous serment, suffirait à réduire à néant les allégations du magazine.

Il a donc demandé l'autorisation de faire venir ce témoin sur-le-champ. Les avocats du magazine ont protesté de toutes leurs forces. Le juge a fait remarquer qu'à ce stade de la procédure, il était trop tard pour présenter des éléments nouveaux.

Je me souviens que j'étais assis là, près de Henning, à regarder ces ridicules bonshommes de la partie adverse qui gesticulaient comme des personnages de dessin animé. Incapable de supporter plus longtemps leurs tirades imbéciles, je me suis brusquement levé pour quitter la salle. Avant de m'en aller, je me suis tourné vers la cour et j'ai déclaré très calmement :

– Ces messieurs prétendent qu'on les empêche de faire venir des témoins capables de prouver que je consomme de la cocaïne. La vérité, c'est qu'ils n'ont pas la moindre preuve. Nous avons voulu faire venir à la barre le propriétaire des lieux où je suis censé avoir pris cette cocaïne, mais la cour vient de décider que nous n'en avons pas le droit. Il est évident que la vérité n'intéresse personne ici. Jugez-moi comme vous le voudrez. Quant à vous, les journalistes, continuez d'écrire vos mensonges. Moi, je m'en vais.

J'étais fatigué d'entendre les sornettes de ces stupides avocats. Nous disions la vérité. Peu m'importait le verdict. Je suis sorti dans la confusion la plus totale, avec une meute de journalistes qui me courait après en posant des milliers de questions. Dans la salle d'audience, Henning est resté seul face aux juges stupéfaits et aux avocats du magazine. Cela dit, je n'ai absolument pas l'impression de l'avoir trahi : je savais qu'il n'avait pas besoin de ma présence pour me défendre.

Nous avions fait de notre mieux. De toute façon, la procédure était pratiquement close. Il ne restait plus guère que le résumé des débats. Henning m'a raconté par la suite qu'il avait demandé une suspension d'audience afin de se donner le temps de réfléchir.

Du début à la fin du procès, je n'ai pas répondu à une seule question des journalistes. Je me suis contenté de leur présenter un bref résumé des accusations et de les nier l'une après l'autre. J'ai laissé Henning se charger de toute l'affaire, et c'est lui qui répondait aux questions. Malgré toutes mes angoisses, je me suis efforcé de ne jamais paraître nerveux.

Le soir, j'ai appris que nous avions gagné le procès. Les journalistes ont littéralement fait le siège de mon domicile.

Notre victoire ne m'a pas vraiment surpris puisqu'elle était justifiée. Mais je la dois quand même en grande partie à Henning. Il était absolument capital de gagner ce match-là : pour l'avenir, pour mon fils Robin et pour tout le reste.

Tout au long de ma carrière de joueur de tennis, je n'ai jamais déserté le court. Ce jour-là, en revanche, j'avoue avoir déserté la cour, mais j'espère bien n'avoir plus jamais besoin de me conduire ainsi.

Si j'ai porté plainte contre le magazine *Z*, c'est parce que je voulais qu'on me rende justice. Personne n'a le droit de m'accuser d'un méfait que je n'ai pas commis. J'ai tenu à rappeler qui je suis et ce que je représente. Il y a des limites à ne pas franchir.

LES GRANDES RENCONTRES

Le meilleur enseignement que j'ai reçu au long de ma carrière sportive, je le dois sans doute aux rencontres que j'ai faites grâce au tennis. Elles ont constitué en quelque sorte mon université de la vie. J'ai connu des athlètes, bien sûr, mais j'ai aussi croisé sur mon chemin des hommes politiques, des acteurs ou des musiciens, bref une grande variété de gens, dans tous les pays du monde.

J'ai dîné avec eux, nous avons discuté ensemble, nous nous sommes parfois liés d'amitié : tous m'ont énormément apporté. Paradoxalement peut-être, je m'entends plus facilement avec des gens qui évoluent dans des cercles extérieurs au monde du tennis, notamment avec les hommes politiques ou les artistes, en tout cas des personnes qui ont eu un parcours et une expérience très éloignés des miens. Échanger des vues avec ces gens-là est toujours plus intéressant pour moi car cela m'apporte quelque chose de différent, et donc d'essentiel.

J'ai ainsi eu l'occasion de rencontrer plusieurs fois Luciano Pavarotti, le célèbre chanteur d'opéra. Il y a de cela quelques années, il devait venir en

Suède à l'occasion d'un récital. Quand les journalistes l'ont interrogé sur son éventuel passage, il a répondu qu'il ne viendrait qu'à la condition de pouvoir disputer un match de tennis contre Björn Borg. C'est un vrai mordu de tennis, terriblement sympathique. J'ai d'ailleurs eu le plaisir de jouer avec lui, mais quelque temps plus tard.

Un de mes sportifs préférés a toujours été Pelé, ce génie du football. J'ai dîné une fois avec lui. C'est un homme absolument formidable. J'ai aussi eu la chance de faire la connaissance de Franz Beckenbauer avec Mariana, à New York, à l'époque où il jouait au Cosmos.

À Monaco, j'ai rencontré plusieurs fois mon compatriote Ingemar Stenmark, sans doute un des plus grands champions de l'histoire du ski. Pourtant je n'ai jamais skié avec lui, même si j'en ai eu très envie. J'imagine que, de son côté, il aurait aimé échanger quelques balles avec moi sur un court de tennis!

Je connais le lutteur Frank Andersson depuis pas mal de temps déjà. Je ne me souviens plus exactement de la date de notre première rencontre. Sur le ring, sa forte personnalité et son extraordinaire charisme font merveille. Il lui arrive toujours des histoires incroyables. Mais les journalistes mêlent à cela quantité de rumeurs et de demi-mensonges, voire de fables pures et simples. J'imagine que tout cela fait vendre du papier...

J'ai également fait la connaissance de Rod Stewart, sur un terrain de football. Nous étions dans la même équipe. C'est un excellent joueur. En ce qui me concerne j'ai toujours beaucoup aimé le

A six mois, dans les bras de ma mère.

La coupe Saint-Erik, en 1969. J'avais treize ans et je jouais dans l'équipe de Södertälje. Nous avons gagné contre Aik et je me suis vu décerner le titre de meilleur joueur sur le terrain. Un grand souvenir!

Je rencontre pour la première fois Lennart Bergelin, à l'occasion d'une remise des prix. Cette année-là, je n'ai pas reçu la coupe de vainqueur. La victoire revenait à Henrik Andren. J'avais fini deuxième.

La finale de l'école en 1970 se jouait à Djursholm. Mon adversaire s'appelait Ted Gärdestad et il était considéré comme un joueur plein d'avenir. A cette époque, nous jouions souvent ensemble. Quelques années plus tard, Ted a abandonné le tennis pour devenir chanteur-compositeur, et il s'est hissé au top du hit-parade suédois avec une chanson intitulée *Je veux décrocher la lune*.

De retour à l'école de Blomback après ma première grande victoire en junior à l'Orange Bowl de Miami. J'avais quatorze ans. Le journal de Södertäjle a célébré l'événement en publiant cette photo.

J'ai remporté l'Orange Bowl junior à Miami en 1972. Une de mes premières grandes victoires internationales. Les participants à ce tournoi avaient tous dix-huit ans, j'étais leur cadet de deux ans. Mon adversaire en finale était Vitas Gerulaitis. C'était la première fois que nous nous rencontrions.

J'ai joué mon premier tournoi important à Wimbledon en 1973.
Mon amie Helena Anliot m'accompagnait.

La Coupe Davis en 1975. Après la balle de match victorieuse, je suis tombé dans les bras de Lennart. Ce fut un très grand jour pour lui comme pour moi. Cette victoire reste un de mes meilleurs souvenirs.

En route pour
l'entraînement
avec Guillermo
Villas, à Madrid,
en 1974.

La balle de match lors de la finale de
Wimbledon en 1976. Ma première
victoire dans le prestigieux tournoi sur
herbe.

Ilie Nastase et moi quittons
ensemble le terrain après ma
première victoire à Wimbledon en
1976. Partant favori, il était très
déçu, mais il n'en a rien montré.

En finale de Wimbledon en 1980, contre McEnroe. Nous étions à égalité deux sets partout et j'ai fait la différence dans le cinquième. A la fin du quatrième set, je n'avais qu'une idée en tête : « Va sur le terrain et joue. Plus vite tu en auras fini, plus vite tu quitteras le court. » Et j'ai gagné !

6-4, 3-6, 6-3, 3-6, 8-6, tel fut le résultat de la demi-finale épique disputée contre Gerulaitis à Wimbledon, en 1977. Nous avons tous deux couru après chaque balle et notre duel est resté comme un des grands classiques. Ce match a scellé notre amitié et nous avons commencé à nous entraîner ensemble.

En 1980, après plusieurs tentatives infructueuses, j'ai gagné
l'Open de Stockholm face à McEnroe.

Rencontre avec Mats Wilander à Monaco au début des années quatre-vingt. Mats entamait sa belle carrière.

John McEnroe et moi à la Jamaïque. C'était notre première rencontre, il y a de cela bien des années...

Et une raquette de moins, une! Il arrivait parfois que je transpire tellement que la raquette me glissait des mains. Cette image a été prise à Wimbledon, en 1980, lors de mon premier match contre l'Egyptien Ismail El Shafei.

foot, mais mon sport préféré reste... le hockey sur glace.

En 1980, j'ai fait une étrange rencontre à l'occasion de mon mariage avec Mariana. C'était un événement considérable en Roumanie. Avant la cérémonie, nous avons été présentés à Nicolae Ceausescu, l'ancien dictateur roumain dont nul ne pouvait encore deviner le destin.

J'avais à peine quinze ans lorsque j'ai rencontré le grand Marcus Wallenberg dans son bureau de la Skandinaviska Enskilda Bank. J'étais très impressionné. Wallenberg s'intéressait beaucoup au tennis, il avait lui-même été champion de Suède autrefois. Ayant admiré la qualité de mon jeu, il m'avait recommandé auprès de Mats Hasselquist qui occupait alors le poste de président de la Fédération suédoise de tennis. Je ne connaissais pas bien Mats à l'époque, mais je me souviens qu'il nous accompagnait lorsque nous avons disputé et remporté la coupe Davis à Bastad. C'est d'ailleurs lui qui m'a aidé à signer mon premier contrat professionnel avec la compagnie aérienne SAS, à l'automne 1972. Cela se passait chez lui, à Bastad. Je crois que c'était la première fois qu'une compagnie sponsorisait un joueur de tennis, ou même un athlète suédois. C'était une chose tout à fait nouvelle. Je ne me souviens plus exactement de la somme convenue. Mais j'avais désormais la possibilité de voyager gratuitement sur les vols SAS pour aller jouer mes tournois à l'étranger. En échange, je devais porter le logo de la compagnie sur l'épaule. Financièrement, cela venait à point nommé. Le premier contrat stipulait que je voyagerais en classe économique. Par la suite, on m'a octroyé la classe affaires et la première classe.

Je n'avais pas pu obtenir un tel privilège pour mes parents, mais SAS leur a cependant consenti d'importantes réductions. Nous étions très satisfaits de cet accord car les billets d'avion grèvent lourdement le budget d'un jeune tennisman.

Mon contrat avec SAS a expiré en 1981. Janne Carlzon, président de cette compagnie, est un passionné de sport et un bon joueur de tennis. Il m'a toujours soutenu et défendu, même dans les périodes les plus sombres. Ainsi, pendant la détestable affaire qui m'opposait au magazine Z, la presse a laissé entendre que SAS songeait à résilier mon contrat. Janne a opposé un démenti formel à cette rumeur et s'est même proposé de témoigner en ma faveur lors du procès.

En 1990, j'effectuai un voyage de relations publiques pour SAS à New York et Washington, comme je l'avais fait par le passé au Japon, en Chine, en Amérique du Sud ou en Afrique. Lors d'une précédente visite aux États-Unis, j'avais déjà eu l'honneur de rencontrer le président Reagan et j'avais même échangé quelques balles avec George Bush alors que celui-ci était encore vice-président. La compagnie SAS a suggéré que je sollicite une nouvelle invitation à la Maison-Blanche afin de jouer avec le président George Bush.

Ce dernier a accepté, ce dont je lui suis reconnaissant, et j'ai donc été reçu à la Maison-Blanche en compagnie de Janne Carlzon, qui représentait Sas. Une dizaine de personnes étaient présentes. Loredana m'accompagnait, Ove Bengston était là avec sa femme et quelques autres.

J'ai joué en double avec Bush contre Ove Bengston et Wilhelm Wachtmeister, alors ambassadeur de Suède aux États-Unis. Wilhelm a souvent été le partenaire de tennis de Bush et les deux hommes se connaissaient depuis des années. Excellent amateur, notre ambassadeur détestait perdre.

Le court de tennis est situé à une petite distance de la Maison-Blanche, dissimulé derrière un agréable bosquet d'arbres et de buissons. George Bush m'a fait une forte impression : c'est un homme extraordinaire, un sportif fervent. Mais les fonctions de président lui laissaient peu de temps pour pratiquer le tennis, et je l'ai trouvé un peu moins mobile que lors de notre première rencontre, à l'époque où il était encore vice-président. Ses mouvements étaient plus compassés mais, de toute évidence, il se faisait plaisir. Aujourd'hui, je crois qu'il se tourne davantage vers le golf.

Comme lors de notre précédent match, j'ai formé équipe avec George Bush. Ni lui ni moins n'aimons perdre et nous avons fait en sorte de remporter la partie. Nous restons donc sur une série de matchs sans défaite. Malheureusement pour lui, Bush a été moins chanceux lors des dernières élections...

Après le match, il nous a fait visiter la Maison-Blanche. Il s'est montré très ouvert, très disponible. Sur son bureau trônait un globe terrestre : la Russie et les anciennes républiques de l'Union soviétique se trouvaient en face du fauteuil du Président. Comme je le lui faisais remarquer en plaisantant, il m'a répondu sur le même ton :

– Oui, je ne pense qu'à cela. Du matin au soir, je regarde en direction de l'Union soviétique.

C'était la troisième fois que je me trouvais à la Maison-Blanche et pourtant je ne parvenais pas à m'y sentir parfaitement à l'aise.

LES AFFAIRES

À l'époque de mon installation à Monte-Carlo, je commençais à me rendre compte que je pouvais gagner beaucoup d'argent grâce au tennis et j'avais bien l'intention de profiter de cette aubaine. C'est d'ailleurs en partie ce qui avait motivé mon départ pour Monaco.

Lorsque j'avais quinze ou seize ans, je pensais surtout à m'imposer sur le circuit et à prouver la qualité de mon jeu. J'adorais le tennis et, sur ce plan au moins, rien n'avait changé. Mais je voulais aussi gagner le plus d'argent possible. Ce qui ne signifie pas pour autant qu'en entrant sur un court je calculais la somme que j'allais empocher en cas de victoire. Pendant toutes nos années de collaboration Lennart Bergelin m'a été d'un grand secours à cet égard car il me répétait sans cesse :

– Ne pense à rien d'autre qu'à ton tennis. Tout le reste est secondaire. Il ne faut surtout pas que cela vienne parasiter ton jeu.

J'ai suivi ses conseils. Pendant un match, je ne pensais jamais à l'argent, mais seulement à la victoire. Mon plaisir, c'était de collectionner les

93

titres, d'inscrire mon nom au palmarès des tournois, et en particulier ceux du Grand Chelem.

Lorsque j'ai remporté mon premier Masters à New York, je me suis vu remettre une Volvo. Ce n'était pas précisément la voiture dont je rêvais. Je me souviens que, tandis que je me tenais debout à côté de cette Volvo rutilante, je m'imaginais au volant d'une Ferrari élégante et rapide. Les Volvo sont sans conteste d'excellentes voitures mais elles peuvent difficilement satisfaire mon goût pour la vitesse. À cette époque, je voulais vivre à deux cents à l'heure. J'ai donc revendu la Volvo et je me suis offert la voiture de mes rêves.

Un journaliste a écrit à mon sujet que j'avais « de la colle dans mon portefeuille », autrement dit que je l'ouvrais avec réticence et que je regardais à la dépense. Il est vrai que j'ai toujours été raisonnablement économe. Cependant, il m'est arrivé de faire de petites folies, comme de m'offrir une voiture de sport ou un bateau. Mais ces coups de tête correspondaient à de réels désirs personnels, et je me refusais à acheter pour le seul plaisir de jeter l'argent par les fenêtres.

À la fin des années 70 et au début des années 80, je me suis ainsi laissé aller à plusieurs achats d'envergure qui ont été abondamment commentés dans la presse. Je ne jouais plus autant au tennis, j'avais du temps devant moi, j'avais de l'argent sur mon compte : les possibilités étaient infinies. Par l'intermédiaire de Curt Nicolin, j'ai fait l'acquisition d'une superbe maison d'été, à Kättilö, dans l'archipel Gryt au large de Valdemarsvik. Cela a d'ailleurs été la source de quelques démêlés avec le fisc, lequel considérait, suite à cet achat, que je devais être recensé en Suède pour le paiement de mes impôts. Au début des années 80, j'ai revendu Kättilö et j'ai acheté Alstaholm pour mes parents.

Hormis le tennis, j'ai toujours eu une passion pour la mer et les bateaux. J'adore la pêche, la voile et le ski nautique. Même au plus fort de ma carrière, je n'ai jamais manqué de retourner en Suède pendant l'été pour pratiquer différents sports nautiques. J'affectionne tout spécialement les horsbord. C'est à cette époque que j'ai acheté un bateau off-shore qui pouvait faire des pointes jusqu'à quatre-vingt-dix-nœuds à l'heure. Je l'avais appelé *Dunderbunken*. C'était un bolide très excitant mais, malheureusement, ce type d'engin est excessivement fragile. J'avais coutume de dire que c'était le bateau le plus rapide du monde... pour effectuer la navette entre le chantier de réparation et son port d'attache. À tel point que j'ai fini par m'en débarrasser.

J'ai gagné environ 3,5 millions de dollars en prix tout au long de ma carrière sportive. Comparé aux sommes faramineuses que gagnent les joueurs d'aujourd'hui, c'est une goutte d'eau dans la mer. Parce que j'étais un champion de renommée internationale, j'ai pu doubler mes gains grâce aux contrats publicitaires. L'International Management Group (IMG) prélevait 10 % sur mes gains sportifs et 25 % sur ceux de la publicité. Par la suite le pourcentage a été réduit, car j'avais attiré d'autres grands noms du tennis mondial dans le giron de cette compagnie. Quant aux termes du contrat actuel, je ne désire pas les révéler.

Dès le début des années 80, je commençais à penser à ce que j'allais faire une fois que j'aurais arrêté le tennis. J'ai toujours été intéressé par les vêtements et par la mode, même si, dans la vie de tous les jours, je ne me sens jamais autant à l'aise que dans un jean et un tee-shirt. Durant ma carrière, j'avais déjà prêté mon nom à toutes sortes d'objets, depuis un modèle de voiture jusqu'à la simple gomme d'écolier. Mais c'est la production d'une ligne de cosmétiques portant mon nom qui m'a véritablement lancé dans les affaires.

Tout a commencé par une pure coïncidence sur un terrain de golf au nord de Stockholm en 1984. Le P-DG de la petite société Romella, un certain Jack Rotschild, faisait un parcours de golf lorsqu'il a rencontré par hasard Lars Skarke, qui allait devenir mon associé. Après quelques trous ensemble, ils se sont mis à parler de moi devant une bière. Rotschild a demandé à Skarke s'il avait déjà envisagé la création d'une ligne de cosmétiques pour hommes portant mon nom.

J'avais fait la connaissance de Skarke alors qu'il dirigeait la société Projekthuset avec Egon Hakansson. Projekthuset s'occupait essentiellement de sponsoring en Suède. Hakansson a toujours bénéficié d'une excellente réputation : il a fait beaucoup pour le basket et pour le sport suédois en général. À cette époque, la compagnie était très saine et offrait d'excellents services.

Ma première rencontre avec Skarke a eu lieu au moment même où une compagnie se proposait de fabriquer des vêtements de sport Björn Borg. C'était en 1983 ou 1984, et Skarke avait pris part aux discussions. Il était déjà semblable à lui-même :

– Nous allons réussir, répétait-il, nous sommes les meilleurs sur le marché.

Il parlait avec cet aplomb imperturbable qui le caractérise encore aujourd'hui.

À l'époque, je passais pas mal de temps en Suède parce que j'avais rencontré Jannike. Mark McCormack, fondateur de l'International Management Group, s'occupait de tous mes contrats, mais Projekthuset l'assistait pour traiter avec certains clients suédois et scandinaves. Projekthuset travaillait donc aussi pour moi. C'est la raison pour laquelle mes rencontres avec Skarke se sont faites de plus en plus fréquentes.

Skarke avait lui aussi pensé à créer une ligne de cosmétiques portant mon nom et il avait reçu plusieurs offres venant de compagnies internationales.

Quand il a présenté ce projet à Peter Worth, un de mes conseillers à l'IMG, ce dernier s'est penché sur cette idée et, en août 1984, a donné son feu vert. Nous sommes alors convenus que Romella, la société de Jack Rotschild, se verrait confier la réalisation du projet. Notre objectif était ambitieux : nous nous proposions ni plus ni moins de conquérir le monde.

Mon nom serait bien sûr mis en avant; le produit lui-même se voulait synonyme de réussite et de qualité, il devait symboliser un mode de vie fondé sur l'élégance et le style.

L'idée de base était que nos produits se vendraient à des prix ni trop bas ni trop élevés, quelque part dans la tranche inférieure des marques les plus prestigieuses. Plusieurs créateurs de parfums ont alors planché en concurrence afin de déterminer les senteurs et le conditionnement idéal.

Pour le flacon, notre choix s'est porté naturellement sur le Français Pierre Dinand, un maître en la matière. Mais nous ne pensions pas réellement qu'il accepterait de consacrer son temps précieux à une petite compagnie suédoise. Nous ne savions pas non plus si Romella aurait les moyens de s'offrir les services du spécialiste français.

On murmurait en effet qu'il nous en coûterait un demi-million de dollars rien que pour avoir une entrevue avec lui. Bien plus que ce que je reçois pour mes interviews. Mais finalement, nous avons pris contact.

Grand amateur de tennis, Pierre Dinand a apparemment été séduit par notre projet. Il se trouvait être un de mes fans les plus assidus et tenait absolument à dessiner la ligne Borg. À l'entendre, il semblait considérer comme une insulte personnelle le fait de ne pas participer à l'aventure : il a donc annoncé qu'il prenait un billet d'avion pour Stockholm – à ses frais – et qu'il venait toutes affaires cessantes. Heureusement surpris, Jack Rotschild s'est alors empressé de convoquer tous les partenaires impliqués. Skarke, l'équipe de Romella et moi-même avons assisté à la réunion, terriblement excités par ses retombées éventuelles.

Nous avons été très impressionnés de voir Pierre Dinand exhiber, dès son arrivée, plusieurs flacons

portant mon nom. J'étais sans doute le plus inter-
loqué. C'était le début de ma carrière dans les
affaires, j'allais enfin défendre mes propres produits.

Après avoir examiné cette ribambelle de flacons
disposés devant moi, j'ai tendu la main vers celui
dont les côtés étaient ornés de raquettes de tennis.
Il s'est trouvé que c'était aussi celui que préférait
Pierre Dinand.

Nous avons appris par la suite que celui-ci avait
failli annuler son voyage à Stockholm à la dernière
minute. Il avait donné pour consigne à son équipe
de tout mettre en attente pour se consacrer exclusi-
vement au projet Borg, mais aucun des flacons
proposés ne le convainquait pleinement. Au dernier
moment, quelqu'un a eu l'idée d'ajouter les deux
raquettes et Dinand s'est estimé satisfait. Il n'y
avait qu'un seul problème : le verre utilisé, soufflé
dans un ton gris fumé, avait l'air très cher : il l'était
effectivement. Le coût de fabrication pouvait éven-
tuellement être abaissé, mais le flacon perdrait en
originalité.

Le problème du parfum lui-même s'est alors
posé. Après bien des tentatives et des discussions, le
choix s'est limité à deux fragrances. L'une était
présentée par la compagnie suédoise Givaudan et
l'autre par la société française Takasago. J'avais un
mal fou à les départager. De son côté, Pierre
Dinand continuait à travailler sur le flacon. La
ligne allait comporter un déodorant, un bain mous-
sant, du shampooing, etc. Dinand a essayé jusqu'à
onze logos avant de se décider pour celui que l'on
peut décrire comme un double B superposé. Ma

signature devait également figurer sur tous les produits.

Le travail avançait bien, mais l'équipe commençait à avoir des sueurs froides. En effet, le lancement devait intervenir à l'occasion de la foire aux parfums de Stockholm, le 22 août 1985, et personne ne pouvait prédire quel accueil il recevrait. Surtout, de nombreuses décisions restaient à prendre. Nous avons finalement opté pour deux lignes différentes, une plus « exclusive », l'autre meilleur marché. Mes deux parfums préférés seraient ainsi utilisés. Mais cette décision impliquait un surcroît de travail, puisque tout devait sortir en double : deux flacons, deux emballages, etc. Quel nom devait porter chaque ligne, comment devaient-elles être différenciées? Tard un dimanche soir, par téléphone, Jack Rotschild et Stig Svedfelt, chargés des relations publiques chez Romella, ont finalement trouvé la solution. La ligne bon marché s'appellerait tout simplement *Björn Borg*, la plus sophistiquée prenant le nom de *Björn Borg 6-0*.

En juin tout semblait sur de bons rails lorsque nous nous sommes trouvés confrontés à un obstacle imprévu. Un des parfums, versé dans le flacon de verre teint, virait au jaune, ce qui faisait immanquablement songer à un échantillon d'urine! Grâce à une technique de filtrage, le laboratoire est toutefois parvenu à rendre le liquide incolore. Nous avons tous poussé un soupir de soulagement!

Les détaillants se montraient extrêmement intéressés et tout était prêt pour août 1985. Depuis, ma ligne pour hommes a lentement mais sûrement conquis le marché mondial. Hormis la Scandinavie, ces produits sont en vente au Canada, en Hollande, en Belgique, au Luxembourg, en Espagne, en Suisse, en Grèce, à Hong Kong, et le succès ne cesse de se confirmer.

NAISSANCE
D'UNE COMPAGNIE

Pendant tout le temps qu'a duré le travail sur la ligne de cosmétiques, Lars Skarke est resté mon contact à Projekthuset. Je trouvais qu'il débordait d'excellentes idées et nous nous sommes rencontrés à plusieurs reprises pour en débattre. Au début, il n'y avait que nous deux, puis mon conseiller Björn Gullström s'est joint à nos discussions.

Le nom de Skarke était déjà entaché d'une réputation détestable à Stockholm mais je ne voulais pas croire les rumeurs. Par naïveté, je n'avais pas pris la peine de mener une enquête à son sujet, ce qu'ont fait en revanche les experts internationaux de la firme Price Waterhouse avant de prendre en charge la comptabilité des compagnies dirigées par Skarke. Après lecture du rapport d'enquête, ils ont fait circuler une note interne recommandant une grande circonspection. Pour mon malheur je n'ai pas montré une semblable prudence, et je suis même allé jusqu'à confier les pleins pouvoirs à Lars Skarke. Plusieurs personnes m'avaient pourtant conseillé de ne pas travailler avec lui. Mais là encore je n'ai pas voulu les écouter, prenant leurs mises en garde pour des ragots dénués de fondement.

En 1985, j'ai décidé de prendre une certaine distance vis-à-vis d'International Management Group afin de travailler en collaboration plus étroite avec Skarke. Celui-ci gérerait désormais mes affaires en Scandinavie, tandis que la firme de McCormack continuerait de s'occuper du reste du monde. De mon côté, j'avais acquis 3 % dans Projekthuset. La firme IMG avait représenté mes intérêts depuis le début et j'ai donc estimé qu'elle devait conserver la responsabilité financière de mes affaires, sous la vigilance de Julian Jakobi et de John Webber, qui avait été autrefois avocat à la cour, en robe et perruque.

J'avais une confiance aveugle en Lars Skarke. Il s'occupait de tout. Il est toujours facile, après coup, de se montrer clairvoyant sur ses erreurs. Mais il ne faut pas oublier que Skarke a su séduire bien des gens tout au long de sa carrière. Il a le don d'inspirer naturellement confiance, et il se montre au besoin très habile à vaincre les réticences d'un adversaire. Bref, il est passé maître en l'art d'influencer les autres, de se vendre ou de vendre des produits, des idées et des projets. C'est ce qui fait de lui un homme redoutable : il semble si honnête que les gens ne songent pas à se méfier de lui.

Skarke est capable de changer d'avis d'un moment à l'autre, et ses fréquentes volte-face allaient être à l'origine de nombreux conflits au sein de notre compagnie. Il se croyait un talent inné pour provoquer et faire avancer les choses, une prétention que je trouve pour ma part exagérée. En fait, il réussissait rarement à mener ses décisions à bonne fin.

En revanche, Skarke était assez malin pour obtenir un rendement maximum de ses collègues. Par exemple, il n'hésitait pas à expédier ses assistants dans des voyages aux destinations multiples, de l'Orient à l'Occident, de Singapour à New York. Les horaires étaient si serrés qu'un retard de deux heures sur un des vols entraînait presque inévitablement d'énormes complications de planning. À ceux qui s'en plaignaient, Skarke opposait toujours la même réponse :

– Vous partez sur-le-champ. Ce voyage est très important pour nous. Et vous n'avez que dix jours devant vous...

Personne n'avait le courage de lui tenir tête. Le voyage à peine commencé subissait des retards, l'emploi du temps était plusieurs fois remanié. Les secrétaires travaillant dans les différentes compagnies perdaient un temps fou à réorganiser les rendez-vous.

Skarke clamait haut et fort qu'il méritait le prix Nobel d'économie. J'ai réalisé trop tard qu'il n'était pas seulement un vantard mais un menteur pathologique. Pour se tirer d'une situation délicate, il était capable de forger de toutes pièces de fausses informations.

Pourtant, lors de nos premières rencontres, Lars Skarke m'est apparu comme un personnage captivant. Il m'était facile, beaucoup trop facile, de le croire, même si je devais le regretter amèrement par la suite. Je figurais une proie toute désignée parce que mon caractère me porte à espérer le meilleur des gens.

Skarke est un maniaque de la compétition. Je me souviens d'un jour où il jouait au golf avec une relation d'affaires, Bo Alexandersson. La fiancée de ce dernier les suivait sur le parcours. Bo a exécuté un swing parfait et, après une longue courbe, sa balle a atterri à quelques mètres seulement du drapeau. C'était maintenant au tour de Skarke. Il a frappé la balle de toutes ses forces mais il a mal ajusté son coup. La balle est partie de biais et elle a heurté violemment la fiancée de Bo qui s'est écroulée par terre, le visage en sang. Skarke n'a rien trouvé de mieux que de s'exclamer :

– C'est ta faute, Bo! Tu m'as obligé à taper comme un sourd. Je dois rejouer mon coup. Celui-ci ne compte pas!

Voilà qui dépeint parfaitement notre homme.

Bien sûr, personne à Projekthuset ne m'avait laissé entendre quoi que ce soit de négatif à son sujet. Il est vrai qu'il était l'un des patrons.

Skarke a eu un itinéraire peu orthodoxe avant d'accéder à la présidence générale d'un groupe international. Il a commencé comme vendeur en informatique puis il s'est lancé dans l'organisation de tournois de golf et de tennis, ainsi que de compétitions de football et de ski. Il possède un nombre conséquent d'espaces publicitaires et de droits d'affichage dans plusieurs stades de football. Il prétend avoir étudié l'économie à l'université de Stockholm et au RMI-Berghs Marnadsinstitut. Après l'obtention de son diplôme, il a participé au développement du groupe Belkos qui se spécialisait dans les équipements sportifs, le matériel de bureau et l'informatique. En 1979, Skarke a fondé Projekthuset – une entreprise qui en quelques années est devenue leader dans le domaine du sponsoring et de la gestion en Scandinavie. Si on prenait la peine d'enquêter sur les différents emplois tenus par Skarke, à Belkos par exemple, où il vendait des vêtements de tennis, on découvrirait qu'il a trompé bien des gens.

Lars Skarke voulait monter haut, très haut, et le plus vite possible.

*
**

Je ne me souviens pas avec précision du lieu ni de la date à laquelle est née l'idée de créer le groupe Björn Borg. Skarke, moi et quelques autres buvions une bière en bavardant de choses et d'autres quand quelqu'un a lancé l'idée. De fil en aiguille, après de longues discussions, nous avons décidé de nous jeter à l'eau.

Il existait déjà sur l'île de Jersey une compagnie qui s'appelait *Björn Borg Enterprise* et que j'avais fondée avant de rentrer en Suède en 1985. Skarke et moi possédions également une société assez récente, *Björn Borg Invest*, qui était conçue comme une société de promotion immobilière. Nous avions injecté 13,2 millions de couronnes suédoises* dans l'affaire. J'avais apporté 60 % du capital et Skarke 40 %. Nous avions emprunté la somme totale mais je servais de garant pour l'ensemble.

Quand nous avons parlé de fonder une nouvelle compagnie, Skarke m'a affirmé que je n'aurais pas à fournir un tel capital. Il pensait que ma seule présence suffirait à faire affluer les crédits de tous côtés. J'étais censé servir de catalyseur.

C'est probablement ce qui s'appelle se bercer d'illusions. Il n'était en effet pas du tout évident que les investisseurs allaient se bousculer au portillon pour la seule raison que mon nom figurait au générique. Les financiers internationaux sont plus sourcilleux que ne l'imaginait Skarke. Quand celui-ci s'est vu incapable de rassembler les crédits nécessaires, il s'est retourné vers moi à la dernière minute pour me soumettre des exigences formidables.

Tout d'abord, Skarke voulait obtenir dans ma compagnie de Jersey le même pourcentage que dans la compagnie suédoise, *Björn Borg Invest*, soit 40 %. Mais je n'étais pas encore disposé à abandonner mes avoirs. J'ai finalement suggéré à Skarke de signer un accord selon lequel il pourrait acquérir 40 % des actions pour un demi-million de couronnes, et ce jusqu'au 18 mars 1997. Nous sommes convenus en outre que le nombre des actions ne pouvait être modifié sans mon accord et celui de Skarke. Cette option d'achat, puisque c'est

* Au cours de 1993, une couronne suédoise vaut environ 0,75 franc français.

ainsi que cela s'appelle, devait se révéler par la suite d'une importance capitale. Mais j'étais alors à mille lieues de m'en douter...

En présence de nos conseillers respectifs, Björn Gullström de mon côté et Stig Sjöblom pour Skarke, nous avons signé cet accord le 21 mars 1987.

Björn Gullström était mon conseiller financier personnel depuis 1973. Il était devenu un intime de ma famille et il avait ainsi aidé mes parents à régler divers problèmes fiscaux. C'est Marcus Wallenberg en personne qui nous avait présentés et je faisais toute confiance à Gullström. Wallenberg lui avait demandé de me protéger des rapaces et autres aigrefins qui pourraient tenter de profiter de ma réussite.

J'étais donc persuadé que Gullström m'avertirait s'il y avait péril en la demeure, ce qu'il a fait d'ailleurs pendant longtemps. Au début de notre collaboration, il veillait sur mes intérêts alors qu'il travaillait à la Skandinaviska Enskilda Bank. Par la suite, il a occupé un poste chez Hägglöfs, les agents de change, et plus tard encore chez Radhuset où il s'est associé pour la première fois à Skarke. Radhuset était en effet une compagnie financière liée à Projekthuset. Pendant tout ce temps-là, je restais persuadé que Gullström continuait de défendre mes intérêts. En fait, plus il s'acoquinait avec Skarke, plus Gullström changeait : il est devenu peu à peu un de ses bras droits, et cette trahison allait m'être fatale...

Quant à Stig Sjöblom, c'était un avocat qui travaillait aussi pour Skarke à Projekthuset. Ils étaient déjà très liés à l'époque de ma rencontre avec Lars. Sjöblom est ensuite devenu secrétaire général de *Björn Borg Enterprise* où il s'assurait que tout ce qui était noté dans les comptes rendus convenait à Skarke, dont il était en fait le garçon de courses. Il avait en somme quitté la profession juridique pour devenir le valet de pied de Skarke. Plus celui-ci l'humiliait, plus l'admiration de Sjöblom à l'égard de son patron grandissait. Il semblait prêt à tout pour lui donner satisfaction.

C'est en compagnie de ces personnages douteux que je m'embarquais pour une aventure qui devait s'avérer la plus coûteuse et la plus désastreuse que j'aie jamais entreprise.

Pourtant la ligne de cosmétiques démarrait bien. À dire vrai, j'étais plutôt fier de pouvoir utiliser mon propre shampooing et mon propre parfum. C'était une expérience si différente du tennis! J'ai probablement été aveuglé par le plaisir que me procuraient les affaires et mes produits. Comment ne me serais-je pas laissé enivrer, quand tout ce que j'entreprenais semblait devoir être couronné de succès?

Je rayonnais donc d'enthousiasme et je ne voyais que les avantages de cette nouvelle aventure, sous-estimant ou ignorant gaiement les risques énormes que je prenais.

DES CONTRATS MIROBOLANTS

Au cours de ma carrière de joueur de tennis, j'avais prêté mon nom à de nombreuses sociétés comme SAS, Saab, les vêtements de sport Fila, les chaussures de sport Diadora, les raquettes Donnay, etc. J'avais également passé un accord avec la firme textile suédoise Eiser et celle-ci avait pendant plusieurs années produit des vêtements portant mon nom.

En 1986, j'ai rencontré les responsables d'Eiser International. Il y avait là Göran Liden, vice-président de Procordia et membre du conseil d'administration d'Eiser, le président-directeur général Risto Koskenranta, Bertil Petersen, d'Eiser International, et Per Fylking, membre du conseil d'administration. De mon côté, j'étais accompagné de Sjöblom et Skarke. Ce jour-là, nous avons examiné un projet de rachat d'Eiser International, ainsi que la poursuite de mon arrangement avec la compagnie. Le projet de contrat a été établi par Johan Gernadt, du cabinet juridique Lagerlöf et Leman.

C'était en fait la première fois que se formait un complot pour me gruger : le prix d'achat et le mode de paiement ont en effet été renégociés dans mon dos. Mais je ne devais le découvrir que bien plus tard.

Mi-juillet 1986, j'ai nommé les membres du conseil d'administration de *Björn Borg Enterprise*, ma compagnie située à Jersey : outre moi-même, il y avait Lars Skarke, Björn Gullström, Stig Sjöblom et Tom Victory d'International Management Group.

Gullström a ensuite été élu à la présidence du conseil, Lars Skarke au poste de directeur général et Sjöblom à la vice-présidence. Dans la foulée, et dès la première réunion, nous avons approuvé la création d'une filiale à Rotterdam et d'une autre basée à Monte-Carlo, qui allait par la suite devenir le siège central de *Björn Borg Design Group*. Stig Sjöblom et Lars Skarke se sont chargés de l'édification de ces compagnies.

Dans la pratique, cette structure lourde et coûteuse devait peu à peu révéler toutes ses faiblesses. Entre autres anomalies, il a été impossible de déterminer si les nominations de Skarke, de Gullström et de Sjöblom étaient formellement correctes, c'est-à-dire s'ils avaient été élus selon la règle.

Quoi qu'il en soit, début 1988 Skarke a donc reçu les pleins pouvoirs pour lancer notre projet. De mon côté, je me suis chargé des opérations de relations publiques. À cette époque, j'étais aussi ambassadeur du tourisme suédois et je conservais des engagements avec la compagnie aérienne SAS depuis le début des années 70. Je voyageais beaucoup et la promotion occupait une grande partie de mon temps, que ce soit pour *Björn Borg Design Group* ou pour l'un ou l'autre de mes engagements antérieurs.

Les revenus que je tirais de mes contrats publicitaires et de mon travail pour le tourisme suédois allaient directement remplir les caisses de *Design Group*, contrôlées par Skarke, Sjöblom et Gullström.

La compagnie payait mes déplacements, l'hôtel, les dîners et se chargeait des autres frais liés à mes obligations. Mais en comparaison de Skarke, je faisais figure de vulgaire amateur pour ce qui était de dépenser l'argent.

Un jour, je me trouvais avec ma femme chez mes parents, dans leur maison d'Alstaholm, à proximité de Stockholm. Nous étions en compagnie de quelques invités, puis Skarke est arrivé avec une amie. Soudain, il a proposé que nous allions tous boire du champagne dans sa maison de Stavsborg pour aller ensuite dîner à Mariefred.

– C'est moi qui offre, bien sûr, a lancé Skarke.

Il a donc appelé un hélicoptère qui est venu atterrir sur la pelouse et nous avons tous grimpé à bord. À Stavsborg, le pilote nous a attendus pendant que nous buvions un verre dans la maison. Après quelques coupes du meilleur champagne provenant de la cave de Skarke, nous avons été invités à remonter dans l'hélicoptère qui a pris alors la direction de Mariefred. Le dîner a été somptueux, encore arrosé de champagne. Puis nous sommes rentrés, qui à Stavsborg, qui à Alstaholm, toujours en hélicoptère.

Et qui payait l'addition de la soirée? Ma compagnie, bien sûr.

Cependant, je ne prêtais pas suffisamment garde à ces signaux d'alarme. Je ne parvenais pas à croire que Skarke pouvait m'inviter ainsi... pour me faire endosser les frais à la sortie. Mon aveuglement s'explique sans doute par le fait qu'à ce moment-là j'étais on ne peut plus satisfait de nos affaires. La vie était merveilleuse et il ne m'est pas venu un instant à l'esprit que je devais me montrer plus méfiant à l'égard de Lars Skarke. Je lui faisais confiance à cent pour cent.

On a beaucoup écrit à l'époque, et notamment dans le magazine *Tennis*, sur le « nouveau Borg ». On posait en long et en large la question de savoir si j'étais fini et j'avais le très net sentiment qu'une grande part de jalousie entrait dans ces supputations. Pourquoi et dans quel intérêt souhaite-t-on ainsi le malheur des autres?

En janvier 1988, Sjöblom a rencontré Richard Harris, du cabinet d'expertise comptable et d'audit Price Waterhouse de Londres. Il lui a demandé divers conseils financiers, en particulier sur la structure commerciale permettant au groupe de réduire au mieux le poids de ses impositions.

Le coût de cet audit devait s'avérer plus que substantiel, même si par la suite Price Waterhouse a pratiquement nié toute forme de participation. Pourtant, si l'on en juge par les honoraires perçus, les conseils devaient être pesés et conséquents.

Dans le courant de l'année 1988, Skarke est venu

m'annoncer qu'il nous fallait trouver plus d'argent pour commencer les opérations. Aujourd'hui, je sais qu'à ce stade, nous aurions déjà dû disposer d'estimations rigoureuses sur les sommes dont nous allions avoir besoin pour les années à venir. Mais comment pouvais-je mettre en doute la parole d'un homme qui se considérait éligible pour le prix Nobel d'économie et d'un banquier choisi à mon intention par Marcus Wallenberg lui-même?

Les rares estimations qu'on m'a fournies étaient superbement présentées dans un dossier paginé, à couverture de toile noire. Cette élégante façade avait sans doute pour objet de détourner l'attention du lecteur sur le contenu, lequel était à peu près aussi fiable que si des météorologues s'étaient amusés à prédire le temps qu'il allait faire dans quelques années...

Mais j'avais délégué à Skarke la pleine autorité pour remplir au mieux nos objectifs. Et je me croyais à l'abri de tout péril, puisque j'avais expressément chargé mon conseiller financier personnel, Björn Gullström, de me prévenir en cas d'ennui ou de tentative de malversation.

Nous avions tout d'abord besoin de capitaux pour acquérir Eiser International. Nous avons aussi racheté à cette compagnie tous les droits permettant de vendre la collection de vêtements Björn Borg en dehors de la Scandinavie. Officiellement, l'opération devait nous coûter 7 850 000 couronnes*. Le prix avait été fixé afin de couvrir les pertes d'Eiser pour l'année 1987. Je me souviens

---

* Soit, au cours actuel, environ 5,9 millions de francs.

d'avoir demandé pourquoi la facture était si élevée étant donné que la compagnie en question ne réa lisait aucun profit. Skarke, Sjöblom et Gullström ont néanmoins présenté la note à Julian Jakobi et Julian Webber d'IMG afin d'avoir accès à mon argent, qui leur a été effectivement remis.

Le montant porté sur le contrat était substantiellement inférieur à celui fourni à Jakobi et Webber, soit 2,5 millions de couronnes. Quelques mois après la signature, Skarke, Sjöblom et Gullström se sont mis officiellement d'accord avec les vendeurs pour ramener le prix à une couronne symbolique.

Durant ces négociations, les vendeurs étaient représentés par l'avocat Garnandt. Ce que j'ignorais, c'est que certains paiements étaient destinés à des membres du conseil d'administration non mentionnés dans le contrat...

En outre, cette même année, nous avons déposé de nombreuses marques de fabrique dans presque tous les pays du monde, ce qui nous a coûté 1,3 million de couronnes. Skarke et Sjöblom ont également commandé un abondant matériel de marketing : brochures, imprimés divers, vidéos, etc., le tout en haut de gamme. La qualité des brochures était telle qu'on n'osait pas les jeter après lecture, les photos en couleurs étaient couchées sur papier glacé. Mais tout ce qui est beau se paie : la politique de marketing a été estimée à 2 750 000 couronnes. Elle a probablement coûté bien davantage : avec son goût pour le luxe, Skarke n'a jamais réussi à s'en tenir aux budgets convenus.

À ces dépenses se sont ajoutés les millions de

couronnes qu'a coûtés la création de quatre filiales de *Björn Borg Enterprise*, décidée par Skarke et Sjöblom.

Ce n'était là encore qu'un embryon de l'énorme diagramme de sociétés qu'allait constituer l'équipe Skarke-Sjöblom, assistée de Gullström, avec la bénédiction des experts réputés de la firme Price Waterhouse.

Le siège central s'est établi à Monaco. Les lieux devant être entièrement réaménagés, il a fallu acheter tous les meubles et matériel de bureau. Le coût de cette installation s'est chiffré à 700 000 couronnes. Le fait que le mobilier était importé d'Italie n'a pas baissé les prix. À ce stade, le coût total de lancement était déjà estimé à 20 millions de couronnes!

Nous pouvions en conclure que *Björn Borg Design Group* aurait besoin d'environ 23 millions de couronnes*. Les revenus s'élevaient à environ 750 000 couronnes, et provenaient uniquement de mes anciens contrats. L'intégralité de cette somme allait à la compagnie de Jersey. Comme cela était loin de suffire, il devenait urgent d'organiser le financement du groupe : en clair, cela signifiait obtenir un prêt plus important. IMG m'a alors formellement mis en garde. Mon vieil ami Julian Jakobi était inquiet. Il prétendait que la direction n'avait aucun contrôle sur les dépenses et que la création du groupe était beaucoup trop compliquée et coûteuse.

Mais je faisais toujours la sourde oreille aux

* 17,2 millions de francs 1993.

avertissements, d'autant que les prévisions que l'on me présentait étaient des plus radieuses. Skarke m'avait assuré que mon apport serait réduit et que le financement serait assuré par la Gotabank et d'autres organismes de crédit. Selon lui, les profits se compteraient en centaines de millions de dollars...

J'ignorais alors que les estimations avancées par Skarke, Sjöblom et Gullström étaient sans rapport avec la réalité. Déjà en 1987, des sommes considérables étaient parties en fumée : erreurs de gestion, frais de voyages exorbitants et débauche de luxe sous forme de dîners fins et d'achats personnels.

La véritable opération de marketing devait débuter au printemps 1988. Skarke a entrepris une présentation mondiale de *Björn Borg Design Group*. Il a sillonné l'Europe et l'Amérique. Il s'est également rendu en Asie : Japon, Thaïlande, Hong Kong, Singapour. Il est ensuite allé en Australie pour exposer nos projets et nos moyens de les mettre en œuvre. Ces déplacements l'ont tenu occupé toute une année et se sont révélés excessivement coûteux. Au début Skarke voyageait seul, mais par la suite, il a apparemment ressenti le besoin d'être accompagné. Sa fiancée a donc été du voyage et lui a prêté main-forte. Ce n'était certainement pas désagréable de faire ainsi le tour du monde pendant six mois pour présenter nos projets. Même s'il fallait aussi travailler...

D'Australie, Skarke a rapporté des centaines de caisses de vin pour sa fameuse cave de Stavsborg.

DES CONTRATS MIROBOLANTS

J'ai moi-même reçu deux caisses de rouge et deux caisses de blanc. Je ne dirais pas « gracieusement », car la facture globale, qui se montait à 21 000 couronnes*, avait été portée sur la carte American Express de Skarke, qui dépendait de la compagnie de Jersey. Autrement dit, ce sont les droits d'exploitation de mon nom qui ont payé la consommation en alcool de Skarke.

L'achat de sa propriété de Stavsborg en 1988 aurait dû m'ouvrir les yeux. C'est une superbe maison du XVIIIᵉ siècle, dotée de je ne sais combien d'hectares de terrain, en bordure du lac Mälaren, à quelques kilomètres seulement de Stockholm. Skarke y vivait comme un roi. Comment peut-on se permettre d'acheter ainsi une propriété de 10 millions de couronnes** sans avoir un sou en poche ? Je possédais moi-même beaucoup plus d'argent que Skarke et pourtant ma maison avait l'air d'une cabane de garde-barrière comparée à sa luxueuse demeure.

C'était là un des traits dominants du caractère de Skarke : il avait besoin de se sentir important. Il aimait s'entourer d'objets rares et chers, rencontrer des célébrités, rouler en limousine, voyager en première classe, ou mieux encore en jet privé et en hélicoptère... Ses notes d'hôtel et ses frais de déplacement excédaient constamment le budget alloué. Johan Denekamp, le directeur financier du groupe, a fait tous ses efforts pour restreindre la folie des

* Près de 16 000 francs 1993.
** 7,5 millions de francs 1993.

119

grandeurs de Skarke. Plusieurs fois, nous avons même tenté de résilier sa carte American Express.

Un bon exemple du goût presque maniaque de Skarke pour les voyages est le périple qu'il a effectué avec son amie Maria Bohlin. On peut s'interroger sur le manque d'organisation de la compagnie quand on sait que la réservation des billets a été faite le 15 mars 1988 pour le 16... Le trajet était le suivant : Stockholm, New York, Toronto, New York, Stockholm, Amsterdam, Chicago, San Francisco, Londres, Nice, Paris, Tokyo, Stockholm. Soit le tour du monde en dix jours pour la modique somme de 229 448 couronnes suédoises!

Skarke justifiait ses déplacements incessants en affirmant qu'il fallait tester notre « concept » à l'échelle mondiale. Même en admettant la nécessité de ces voyages on peut se demander si le moment était opportun, puisque nous n'avions pas encore investi les 20 millions de couronnes dans nos compagnies. Le personnel des bureaux à Monaco était terriblement embarrassé quand je posais des questions sur les pérégrinations de Skarke et sur ce qu'il en était sorti. J'avais toutes les peines du monde à obtenir des réponses. Un jour, au retour d'un de ces voyages, j'ai appris que Skarke avait abreuvé la direction de Monaco du récit naïf de ses prouesses sexuelles : le représentant de la compagnie en Asie lui avait « offert » six jeunes Philippines et Skarke se vantait qu'elles avaient eu du mal à s'asseoir lorsqu'il en avait eu fini avec elles... Quand on lui demandait :

– Alors, et ce voyage?

– Fantastique! répondait-il.

Et il se mettait à raconter ses exploits.

– Et les affaires?

– Formidable, on avance à toute allure.

C'est à croire que nous avions un clown pour P-DG.

Il m'est arrivé de participer à certains de ces voyages, au Japon par exemple. Mais j'avais d'autres engagements, notamment sportifs, à honorer. J'avais en effet un certain nombre de contrats qui arrivaient à terme et qui n'ont été transférés sur *Björn Borg Design Group* que plus tard.

Bien entendu, mon associé ne fournissait aucun compte rendu ou rapport sur ses activités. Les résultats étaient d'ailleurs plutôt maigres. Skarke perdait du temps sur des projets complètement rocambolesques. Par exemple, au printemps 1989, alors même que nous manquions d'argent, il s'est soudain mis en tête d'investir la bagatelle de 30 ou 40 millions de couronnes dans la maison de couture Yves Saint-Laurent! A supposer qu'on lui ait laissé mener à bien ce projet, nous aurions pu mettre la clé sous la porte aussitôt.

Tout en travaillant à créer de nouvelles filiales et à résoudre les problèmes d'imposition comme de marketing, nous nous efforcions de mieux définir notre stratégie commerciale.

L'idée était clairement de concurrencer des marques comme Hugo Boss, Yves Saint-Laurent et Benetton. Les affaires seraient conduites de la même façon que mes matchs de tennis, c'est-à-dire en mettant l'accent sur une préparation méticuleuse. La qualité devait être la caractéristique première de tous les produits vendus sous mon nom. Cette qualité, ainsi que le bon goût et l'élégance, je la trouvais dans la collection de vêtements pour hommes dessinée pour nous par Rodhi Heinz. Mes deux parfums répondaient aussi, me semble-t-il, à ce critère. Nous espérions faire par la suite des incursions dans d'autres domaines tels que les sous-vêtements, les bagages, les montres et les lunettes de soleil. Mon intention était de diminuer peu à peu le facteur d'attraction exercé par ma notoriété pour insister davantage sur la valeur intrinsèque des produits.

Björn Borg Design Group allait fabriquer et/ou vendre des marchandises qui porteraient mon nom. Mon rôle consistait à faire des apparitions personnelles et à assister à des expositions, des défilés et autres manifestations promotionnelles.

Le marketing serait assuré par nos filiales ou par nos représentants. Nous avions également créé un logo qui figurait sur l'ensemble de nos produits.

Nous travaillions d'arrache-pied au développement de la société. Il fallait que tout soit fin prêt pour la présentation qui devait avoir lieu à Monte-Carlo le 19 avril 1988. La remise à neuf du siège central, luxueusement équipé et jouissant d'une vue imprenable sur le casino et sur la Méditerranée, était presque achevée. Les bureaux se trouvaient au 39, boulevard des Moulins, dans le quartier le plus commercial et bien sûr le plus cher du Rocher. Aujourd'hui, je me demande comment j'ai pu me laisser séduire par tout cet étalage de richesses.

DES CONTRATS MIROBOLANTS

Certains ont prétendu et prétendent encore que je n'ai pas suffisamment payé de ma personne pendant cette période. J'estime pourtant avoir rempli au mieux mon rôle dans la compagnie, qui consistait à me montrer le plus possible afin de renforcer l'impact de la marque déposée *Björn Borg*. À titre d'exemple, voici mon emploi du temps au cours du printemps 1988 :

– du 2 au 8 février j'étais à Dubaï, dans les Émirats arabes, pour le lancement des parfums, puis à Abou Dhabi pour le tourisme suédois;

– du 13 au 14 février j'étais à Tarbes, en France, pour un match d'exhibition à l'occasion d'un tournoi junior réunissant des joueurs de vingt-cinq pays différents;

– du 16 au 19 février je me suis rendu à Milan pour négocier avec un distributeur de prêt-à-porter italien;

– du 18 au 19 février j'ai présenté à Oslo notre nouvelle collection de vêtements masculins;

– le 25 février j'ai visité une usine de chaussures au sud de la Suède;

– du 10 au 11 mars j'ai assuré le lancement de la nouvelle collection de prêt-à-porter en Suède : conférence de presse, visites dans divers points de vente, etc.;

– le 24 mars : dîner à l'ambassade des États-Unis à Stockhom en compagnie du couple royal;

– du 16 au 20 avril : retour à Monte-Carlo pour le lancement officiel de *Björn Borg Design Group*;

– du 20 au 29 mai j'ai effectué une tournée aux

États-Unis pour Sas et New Sweden 88. Au programme : Philadelphie, New York, Los Angeles.

En plus de tous ces déplacements, je trouvais le moyen de consacrer une partie de mon temps à élaborer une collection de vêtements de tennis avec Gunnar Störm et Anders Arnborger. Quand les « prototypes » étaient prêts, je les enfilais et je les testais sur un court de tennis. Puis j'exposais à Anders et Gunnar les points positifs et mes critiques éventuelles.

Le jour J est enfin arrivé. La présentation de notre concept commercial avait lieu dans le club de tennis très fermé de Monte-Carlo et je devais prononcer un discours. L'endroit était on ne peut mieux choisi puisque c'est là que j'avais commencé à jouer lorsque je me suis installé dans la Principauté.

Quelle sensation extraordinaire que de s'adresser à l'assistance pour parler de mon nouveau domaine de prédilection, le monde des affaires! J'ai présenté mes collègues de Monte-Carlo, le président-directeur général de *Design Group*, Staffan Holm, ainsi que Stig Sjöblom, qui venait d'être nommé P-DG de *Björn Borg Management Services*, c'est-à-dire qu'il était chargé des contrats, de l'administration et du financement...

Pendant mon allocution, j'ai évoqué le moment où, encore adolescent, j'étais venu m'établir à Monte-Carlo où j'avais passé les dix années les plus importantes de ma vie. J'étais heureux de sentir la présence à mes côtés de Jannike et de Robin tandis que j'exposais à la presse mondiale le concept qui promettait de réaliser tout ce qui comptait à mes yeux : la qualité, l'efficacité et l'élégance. L'accueil a été extrêmement chaleureux, d'autant qu'il y avait quelque temps déjà que je n'avais pas fait d'apparition publique au Tennis Club.

Je ne comprenais pas à quel besoin correspondait la création de deux compagnies à Monte-Carlo. J'ai appris plus tard que cette décision était la conséquence des sombres intrigues de Skarke. À l'origine, il avait promis à Sjöblom la présidence du siège central de Monte-Carlo. Mais il n'avait pas tenu cette promesse puisqu'il avait engagé Staffan Holm à ce poste si convoité. En compensation, Skarke devait trouver un autre poste de directeur général : il a résolu le problème en constituant une compagnie *bis* dont le seul objet était de s'occuper des aspects légaux et notamment du dépôt des marques du groupe. Sjöblom s'est vu nommer P-DG de cette société. Il en était aussi le seul employé. Pour mieux souligner l'importance et l'originalité de ses nouvelles fonctions, Sjöblom a fait remplacer sur son papier à en-tête et ses cartes de visite la couleur dominante de notre logo, le vert, par un lilas foncé.

Les chances du groupe étaient en fait compromises par un malentendu capital. Skarke était un homme pressé : il n'avait pas le temps d'attendre la reconnaissance internationale. Il voulait devenir tout de suite, du jour au lendemain, le nouveau Iacocca. Au fond, il espérait qu'une fois le groupe lancé, une compagnie de première envergure comme Benetton, Boss ou Yves Saint-Laurent nous ferait une offre alléchante pour nous racheter. Skarke se serait alors senti reconnu par ses pairs, il aurait enfin évolué en première division en se hissant hors de ce bas de classement auquel il se savait secrètement appartenir.

Quand d'autres auraient prudemment visé une première cotation à la bourse de Stockholm, Skarke comptait introduire le groupe aux bourses de New York, Tokyo et Londres dès 1993.

Je ne me rendais pas compte alors qu'une expansion de cet ordre exigeait un énorme apport financier. De son côté, la direction de Monaco était certainement consciente – en partie du moins – de ces implications. Mais personne n'a réagi. Après tout, c'était peut-être normal. D'une part chacun était trop occupé à suivre tant bien que mal le rythme d'expansion imposé par le trio Skarke-Sjöblom-Gullström. D'autre part Lars Skarke, avec sa rhétorique habile, avait convaincu tout le monde qu'il avait la partie financière bien en main.

À ce jour, je ne sais pas si Skarke a délibérément négligé la planification de nos futurs besoins en capitaux en misant sur l'espoir d'obtenir l'argent au dernier moment. Je crois surtout qu'il comptait sur le fait que si les crédits restaient introuvables, j'interviendrais pour boucher les trous.

DES CONTRATS MIROBOLANTS

La situation ne s'est pas améliorée lorsque Skarke, à la fin du printemps 1988, s'est mis en tête de développer notre propre chaîne de magasins *Björn Borg*, implantée dans le monde entier, à l'instar d'Yves Saint-Laurent ou de Lanvin. Rien ne devant être laissé au hasard, un magasin modèle a été aménagé dans une banlieue de Stockholm. On a réalisé de nombreux essais de peintures pour déterminer la couleur de chaque section du magasin. L'idée était qu'une boutique *Björn Borg* devait être la même partout dans le monde. Elle devait aussi, à l'instar de nos produits, se situer dans le haut de gamme. Le parquet serait ainsi en bois précieux – du bois de rose américain. Certaines parties seraient décorées de granit poli de Suède et de marbre d'Italie. Le mobilier serait de style rustique suédois, en bois peint à la main. On dit que la construction de ce magasin modèle a coûté presque 1 million de couronnes. Quelques mois plus tard, l'idée était abandonnée : l'expérience s'est donc soldée par un nouveau gâchis financier.

Cet été-là, nous avons également dressé un bilan qui devait servir pour nos demandes d'emprunt aux banques. Skarke était aussi incapable que moi de lire un rapport financier touffu. En revanche, il excellait dans l'art de noyer le poisson : c'est ce qu'il a fait en présentant le bilan sur lequel la banque devait fonder sa décision de prêt. Son numéro a été époustouflant et, au début août, la Gotabank s'est laissé séduire par les talents d'orateur que Skarke avait développés lorsqu'il travaillait comme vendeur. Nous avons obtenu notre prêt.

Selon Skarke, le moment était venu de donner le coup de reins nécessaire pour stimuler le personnel. Il fallait quelque chose de grandiose. Puisant sur notre emprunt tout frais, nous avons donc fait venir à Stockholm, par avion, tous les employés ainsi que leurs familles pour célébrer notre succès. C'était bien sûr une idée charmante, mais bien peu raisonnable étant donné que nous avions besoin de toutes nos ressources financières pour nous maintenir à flot.

Skarke avait projeté d'offrir aux directeurs de nos différentes filiales la possibilité d'acquérir des actions convertibles dans la compagnie. Je trouvais l'idée excellente. Le seul problème, c'est que cela ne s'est jamais réalisé, comme d'ailleurs la plupart des promesses de Skarke.

Si Skarke et Sjöblom avaient mené à bien ce projet, la compagnie aurait reçu environ 1 million de couronnes par personne employée dans les différentes équipes de direction, soit un total de 20 millions de couronnes.

Notre programme de développement exigeait en permanence l'embauche de personnel supplémentaire et, à l'automne 1988, un nouveau recrutement a été mis en place. Il fallait notamment engager un directeur financier. Pour une raison que j'ignore, nous ne pouvions pas nous en charger nous-mêmes. C'est donc Price Waterhouse, la firme de conseil, qui l'a fait pour nous. Le coût de ce seul directeur financier était de 450 000 couronnes. Cela ne semble peut-être pas trop onéreux : il faut pourtant garder en mémoire que toutes ces dépenses intervenaient à un moment où nous n'avions quasiment aucun revenu. Les seules sommes disponibles étaient celles provenant de mes anciens contrats avec diverses compagnies. À part ces quelques rentrées, nous vivions sur nos emprunts.

Vers l'automne 1988, je commençai à nourrir des soupçons sur les méthodes de gestion de Skarke et de son compère Sjöblom. L'ampleur de nos frais m'a finalement incité à appeler Julian Jakobi et John Webber d'International Management Group à Londres. Je leur ai demandé de prendre contact avec le conseil d'administration de la compagnie de Jersey, qui était à présent la maison mère du groupe. Je pensais qu'il fallait également recourir aux services d'une firme de conseil déjà consultée par IMG mais, sur ce point, je n'avais pas le soutien du trio Skarke-Sjöblom-Gullström. J'ai finalement été contraint de céder.

C'est un euphémisme de dire que les trois hommes ne portaient pas IMG dans leur cœur. Ils auraient bien voulu se débarrasser de Jakobi et Webber. Sachant qu'IMG représentait une menace pour leur liberté de mouvement, ils s'efforçaient de réduire ses moyens de contrôle sur notre groupe. Sur ce point au moins, et dans leur perspective, ils avaient raison : Jakobi et Webber, qui faisaient tous deux partie du conseil d'administration, m'avaient en effet déjà mis en garde contre les risques que j'encourais en poursuivant dans la voie de *Björn Borg Design Group*. Mais je me refusais à faire marche arrière, je voulais continuer en dépit de tous les avertissements.

Je ne me laissais pas davantage influencer par la théorie de Skarke, selon laquelle le président d'IMG, Mark McCormack, ne souhaitait qu'une chose, le voir échouer. À vrai dire, Skarke se servait aussi de Julian Jakobi et de John Webber, car il avait besoin de leur soutien pour obtenir des crédits supplémentaires. Dans cette optique, il a demandé à Jakobi de prendre quelques contacts auprès de banques à Londres.

Au cours du printemps 1988, de nouvelles compagnies ont été créées, sur le même rythme effréné. Le groupe croissait à la vitesse d'une tumeur maligne. Des filiales ont ainsi vu le jour dans le Sud-Est asiatique, d'autres étaient prévues dans le monde entier. Ces créations ne résultaient plus d'une volonté formelle du conseil d'administration : les décisions étaient souvent prises après une série d'entretiens fort coûteux entre Sjöblom et Richard Harris de Price Waterhouse. En dépit de ma qualité de membre du conseil d'administration, je n'ai jamais pu savoir exactement combien de fois les deux hommes s'étaient rencontrés.

Plus tard, j'ai découvert que le coût du travail effectué par Price Waterhouse, initialement estimé à 1,3 million de couronnes, était passé à 2,7 millions. La raison de cette différence, telle qu'elle m'a été fournie par Steve Tinton de Price Waterhouse, était que les factures couvraient l'ensemble des services mis en œuvre pour former la structure globale du groupe. 2,7 millions avaient donc été dépensés pour mettre sur pied une structure qui, dans un certain nombre d'années, devait enfin dégager des bénéfices. À ce stade, aucun bilan de la situation financière n'avait été fourni.

Tout ce travail était loin d'être achevé pour la branche européenne de la compagnie quand Skarke a incité ses collègues à échafauder un plan de conquête du marché américain.

L'obstacle économique majeur provenait du fait que Skarke s'était arrangé pour qu'aucun bilan clair de la situation financière ne soit disponible au sein de la compagnie. Les « décideurs » en matière financière ne disposaient donc pas des données nécessaires pour travailler, en tout cas pas avant le printemps 1989.

En octobre 1988, l'affaire était enfin conclue avec Eiser International. Mais après cet achat, Stig Sjöblom est devenu extrêmement nerveux.

J'ai compris pourquoi plus tard. Au printemps 1988, Johan Denekamp, notre directeur financier, avait été chargé de recruter un contrôleur pour la filiale italienne de *Björn Borg Design Group*. Il avait notamment eu un entretien avec une jeune femme suédoise qui avait travaillé pour Price Waterhouse à Milan, mais qui souhaitait à présent quitter cette firme tout en restant en Europe méridionale. Au cours de cet entretien, elle avait mentionné avoir rédigé un rapport sur l'achat d'Eiser International par *Design Group*. Elle s'était ainsi familiarisée avec notre compagnie et sa candidature semblait idéale pour le poste à pourvoir. Mais Sjöblom a réagi de façon très étrange lorsqu'il a eu vent de cette étude. La transaction Eiser était si « délicate » au regard des autorités fiscales suédoises, prétendait-il, qu'il a refusé d'engager la jeune femme.

Parce qu'elle était susceptible d'en savoir trop, elle a donc été écartée. Cette manœuvre a cependant eu pour effet de mettre la puce à l'oreille de Johan Denekamp, qui est un économiste de valeur. Il devait plus tard découvrir la raison de la nervosité de Sjöblom lorsque, par une simple coïncidence, un certain nombre de relevés bancaires ont fait surface : ils révélaient l'existence de transferts de fonds depuis *Björn Borg Management Services*, la compagnie que dirigeait Sjöblom, vers son compte privé dans une banque suisse.

Pour un citoyen suédois, posséder un compte dans une banque étrangère constitue un délit punissable par la loi.

Le 27 octobre 1988, Sjöblom a viré 466 525 francs suisses de sa compagnie sur le compte privé qu'il détenait à la banque Barclays, en Suisse. Le même jour, à partir de ce compte, un virement de 93 305 francs a été effectué au profit des personnes suivantes : Carl Göran Johansson, Lars Oesterblad, Risto Koskenrata, Per Hölby. Toutes ces personnes étaient membres du conseil d'administration du groupe Eiser et avaient eu une grande influence sur le montant et les conditions du rachat de leur entreprise...

Je ne sais toujours pas aujourd'hui combien ce contrat m'a coûté, puisqu'il n'en reste aucune trace écrite et qu'il s'est avéré impossible de mettre la main sur tous les relevés bancaires.

En octobre, Skarke et Sjöblom ont poursuivi leur politique d'emprunt. De mon côté, je n'arrivais pas à savoir de quelle somme exacte nous avions besoin.

Julian Jakobi et John Webber ont mis leur nez dans ce qui faisait office de comptabilité et ils ont découvert qu'un certain nombre de paiements avaient été effectués en mon nom personnel alors qu'ils auraient dû l'être au nom de la compagnie. Ils ont aussitôt notifié par écrit ces erreurs à la personne engagée par Price Waterhouse.

En réaction à cette enquête, Sjöblom a aussitôt rédigé un mémo destiné à Skarke et dans lequel il suggérait des mesures de rétorsion à l'encontre de Julian Jakobi et de John Webber, en particulier une rétribution partielle de leur travail d'enquête sur la gestion de la compagnie. Il espérait ainsi que Jakobi et Webber mettraient un terme à leurs investigations.

Fin novembre 1988 s'est tenue une réunion du conseil de direction à laquelle je n'ai pas eu le droit d'assister. En exergue au compte rendu de cette réunion, on pouvait lire la question suivante : « Comment dépenser 15 millions de francs? »

C'était en effet la somme qui avait été prêtée par la Gotabank pour régler les affaires courantes. Au début du compte rendu, il était établi que nous avions exactement 14 758 000 francs français à notre disposition. Mais suivait une longue liste de dépenses : des factures d'American Express pour un montant de 467 000 couronnes suédoises, des locations d'hélicoptère pour 160 000 couronnes, limousines 22 000 couronnes, avions privés 800 000, matériel publicitaire 1 million de couronnes, etc.

À en croire ce document, la somme empruntée était déjà épuisée. Plus grave encore, les montants indiqués dans chaque secteur étaient bien trop bas pour être crédibles. Ainsi, les 22 000 couronnes pour la location de limousines ne représentaient qu'une fraction de notre facture mensuelle! Même chose pour les hélicoptères...

Fin 1988, Price Waterhouse nous a annoncé que le capital-actions de la compagnie mère devait être rehaussé à 40 millions de couronnes*. En effet, toutes les filiales affichaient des pertes. Pour les couvrir, il n'y avait qu'une solution, un apport de capital du propriétaire, et ce propriétaire, c'était moi.

Au début 1989, Ian Ousey, qui s'occupait de la section financière de la compagnie monégasque, a révélé à la Gotabank que tout l'argent que nous avions emprunté auprès d'elle avait été dépensé. La banque s'est empressée de contacter Skarke pour lui demander des explications, puisqu'il avait affirmé mordicus que l'emprunt ne servirait pas à combler des trous. Skarke s'est fâché tout rouge contre Ian Ousey et lui a passé un savon. Il a même menacé de le renvoyer.

Lors d'une séance du conseil d'administration, on m'a fait comprendre qu'il fallait injecter 40 millions de couronnes dans la compagnie de Jersey.

---

* Environ 30 millions de francs 1993.

Skarke s'était pourtant montré auparavant très catégorique lorsqu'il affirmait que je n'aurais pas à fournir de capitaux supplémentaires. Mes précédentes contributions s'étaient limitées à la garantie de 12 millions de couronnes pour l'emprunt auprès de la Gotabank, plus un emprunt de 13,2 millions de couronnes que nous avions contracté au moment de l'achat de *Björn Borg Invest*. J'avais partagé l'emprunt avec Skarke, mais comme j'étais le seul à avoir de l'argent, je m'étais porté seul garant pour l'ensemble de la somme. À présent, on me demandait de réinjecter 40 millions dans une compagnie dont j'avais promis de vendre 40 % des actions à Skarke, aux termes de l'option figurant sur notre accord de mars 1987.

Si je payais seul, cela signifiait que Skarke aurait la possibilité d'acheter 40 % de la compagnie de Jersey pour seulement 500 000 couronnes. Autrement dit, il recevrait 40 % de 40 millions pour le modeste investissement d'un demi-million. Cela me paraissait inacceptable. D'autant que c'était Skarke qui, à mes yeux, était responsable de notre désastreuse absence de fonds.

Après la réunion, et afin de rester en bons termes avec Skarke, Julian Jakobi lui a écrit une lettre dans laquelle il se disait impressionné par tout ce que Skarke et ses collègues avaient réussi à faire en si peu de temps. Puis, avec les civilités d'usage, Julian demandait comment Skarke comptait contrôler les dépenses jusqu'aux premières rentrées d'argent.

Un des principaux problèmes soulevés lors de cette même réunion a été le manque d'informations

135

d'ordre financier. Aucun d'entre nous, Skarke pas plus que les autres, n'avait la moindre idée de la situation exacte.

En dépit de l'urgence de nos besoins en liquidités, mon associé n'avait pas mis à exécution la proposition de partenariat qu'il avait promise aux directeurs de nos différentes compagnies. Cette manœuvre nous aurait pourtant fourni un agréable ballon d'oxygène de quelque 20 millions de couronnes. Si cela ne s'est pas passé ainsi, c'est sans doute parce que les promesses de Skarke étaient absolument impossibles à tenir. Il avait notamment assuré nos employés que cette opération ne leur coûterait pas un centime. L'ensemble de l'argent viendrait d'un organisme de crédit. *Björn Borg Design Group* garantirait le paiement, et nos directeurs pourraient ainsi accéder à la propriété en toute sécurité. À entendre Skarke, c'était un profit garanti. Sjöblom et Gullström, pour ne citer qu'eux, devaient pourtant savoir qu'un tel investissement, étant donné le flou de notre situation, était loin d'être sans risque. Mais personne n'en a rien dit.

Je commençais à m'apercevoir que Skarke et Sjöblom avaient la fâcheuse habitude de déformer la réalité à leur avantage. Avec le recul, je comprends mieux pourquoi ils étaient inséparables : ils devaient pouvoir donner une image de la compagnie qui inspirait confiance. Et s'ils s'arrangeaient pour être tous deux présents à chaque discussion, c'était pour mieux se souvenir des promesses ou des explications formulées par l'autre.

D'autre part, aucun employé n'avait le droit de solliciter un banquier ou un investisseur de sa propre initiative. Le directeur financier du groupe, Johan Denekamp, n'était par exemple jamais autorisé à rencontrer les représentants de Price Waterhouse, chargés de l'évaluation de la société, ni les experts de la firme qui, pendant le printemps 1988, s'est occupée du plan de financement à long terme du groupe.

Lorsque Saul Schoenberg, responsable de la branche américaine, a essayé d'obtenir un prêt de la banque finnoise Kansallis Osaki Pankki à New York, Stig Sjöblom a dû s'y précipiter en personne pour s'assurer que Schoenberg ne lâcherait rien de malencontreux ou de non conforme à la version déjà donnée par Skarke. Schoenberg a d'ailleurs essuyé un refus, mais le conseil d'administration de *Design Group* n'en a pas été informé. La banque finnoise n'était disposée à nous prêter de l'argent qu'en échange de pleines garanties. Saul était dans ses petits souliers car les prévisions qu'il avait reçues de Skarke et de Sjöblom reposaient sur l'hypothèse de l'acceptation du prêt. Le manque de fonds de la branche américaine a par la suite entraîné une augmentation considérable des difficultés financières de notre activité européenne. En effet, nous devions désormais fournir à Schoenberg tous les capitaux dont il avait besoin.

Le P-DG de notre filiale américaine avait été recruté par l'intermédiaire d'International Management Group au cours de l'été 1988. Il touchait un salaire annuel de quelque trois cent mille dollars. Skarke lui avait en outre accordé des voyages en première classe, une Jaguar de fonction, deux inscriptions dans des clubs sportifs, etc. De son côté, Schoenberg avait engagé une équipe de premier choix et avait loué des bureaux très chics sur la Cinquième Avenue, à Manhattan. Il se plaignait toujours du manque de liquidités et ne cessait de nous réclamer de l'argent. La somme nécessaire au fonctionnement de cette branche américaine était de 1,5 million de couronnes par mois. Skarke mettait tout son talent à contribution pour réduire, autant que possible, notre participation à ce financement. Lorsque Schoenberg mendiait 50 000 dollars, Skarke lui en envoyait 15 000. Quand Saul appelait pour protester, Skarke s'excusait et mettait le « malentendu » sur sa mauvaise connaissance de l'anglais :

– Ah, c'est cinquante mille que vous vouliez! J'ai cru que vous disiez quinze mille...

Tout au long du printemps 1989, le travail de Skarke et Sjöblom s'est ressenti du fait qu'ils passaient le plus clair de leur temps ensemble afin de pouvoir tenir le même discours aux investisseurs potentiels et aux directeurs de nos filiales. Les employés de nos bureaux monégasques m'ont raconté une anecdote assez caractéristique. Un jour, Saul Schoenberg a appelé pour réclamer une fois de plus de l'argent. Skarke a décroché tandis que Sjöblom, assis à côté de lui, écoutait la conversation. Saul a exprimé ses desiderata, mais Skarke n'a pas répondu. Au lieu de cela, il s'est mis à taper sur la table avec le combiné en criant à tue-tête :

– Qu'est-ce que vous dites, Saul? Je ne vous entends pas.

Schoenberg a répété sa demande mais Skarke a continué son manège.

– Les lignes sont très mauvaises, ici, à Monaco.

Sjöblom s'est joint à lui pour marteler la table et pousser des cris. Finalement, ils ont replacé brutalement le combiné en simulant une coupure de ligne et ont éclaté de rire comme des bossus.

Lorsque s'est posée la question d'un accroissement de capital, j'ai immédiatement contacté Julian Jakobi et John Webber d'International Management Group. Je les ai priés de vérifier s'il m'était possible, dans l'état de mes avoirs, de faire face à une telle demande. Ils devaient négocier en mon nom selon les instructions que je leur avais données.

Nous avons suggéré à Skarke que s'il faisait usage de son option, autrement dit s'il achetait des actions de *Björn Borg Enterprise* et qu'il mettait de l'argent dans la compagnie en proportion de ses parts, j'apporterais moi aussi des capitaux. Mais nous n'avons pas réussi à trouver un terrain d'entente. Skarke prétendait qu'il devait acquérir au moins 25 % des 40 millions de capital... pour seulement 500 000 couronnes. Sa technique de négociation changeait sans arrêt : il pouvait se montrer diplomate un moment puis se mettre à geindre avant de hurler ses exigences. Cette comédie grotesque n'a pas eu raison de mes réticences. Elle n'a pas fait non plus avancer les pourparlers entre Jakobi, Webber et Skarke.

L'ensemble des compagnies, la société mère de Jersey en tête, affichait alors de lourdes pertes. La branche suédoise, *Björn Borg Invest*, n'était pas en reste : le déficit pour 1988 s'élevait à 2,2 millions de couronnes. À long terme, *Invest* devait devenir une société de distribution dont l'objet aurait été d'acheter les vêtements fabriqués par la société de Monaco pour les revendre en Scandinavie.

Nous avons donc entamé l'année 1989 en accusant des pertes dans tous les secteurs. Nous n'avions aucun plan de financement, l'argent emprunté était déjà dépensé et nous avions besoin d'un capital de 40 millions de couronnes. Le moins que l'on puisse dire, c'est que la situation n'était pas brillante. Mais je n'en avais pas conscience à ce moment-là. Surtout, j'étais loin de me douter que ces 40 millions de couronnes ne seraient qu'une goutte d'eau dans l'océan...

Au début de l'année 1989, Hakan Frisinger a accepté de présider le conseil d'administration de la compagnie de Jersey. Frisinger était un gestionnaire réputé, membre des conseils d'administration du constructeur automobile Volvo, de Pharmacia et d'autres sociétés de dimension internationale. C'était enfin une bonne nouvelle, une garantie prise sur la suite des événements. C'est du moins ce que je croyais...

Plus tard, j'ai découvert que Lars Skarke et Stig Sjöblom avaient acheté un paquet d'actions de Volvo, le premier pour 400 000 couronnes suédoises, le second pour 300 000. Au bout d'une semaine ou dix jours, ils avaient revendu ces actions en réalisant un profit de 10 à 15 %. Comme ils n'avaient pas pour habitude de jouer en Bourse, j'imagine qu'ils avaient reçu un bon tuyau de la part d'un initié. Skarke possédait bien un compte de dépôt qu'il utilisait pour acquérir des actions, mais ce n'était pas du tout un spéculateur d'expérience. Bien au contraire, il avait fini bon dernier dans une sorte de compétition de portefeuilles boursiers à laquelle il avait participé. Si j'avais été au courant début 1989 de cette juteuse opération sur les actions Volvo, je n'aurais pas manqué de voir en Frisinger un pion à la solde de Skarke et non, comme je le croyais, une personne neutre.

À la décharge du nouveau directeur général de la compagnie de Jersey, il faut dire qu'il recevait toutes ses informations de Lars Skarke et qu'il était sans doute trop occupé pour s'impliquer à fond dans les opérations de *Design Group*. Cependant, j'estime aujourd'hui qu'il aurait dû voir plus vite clair dans les agissements de mon étrange associé : après tout, Frisinger était un industriel de grande expérience.

C'est en février 1989 qu'est survenu le fameux incident relatif à mon intoxication alimentaire. Les médias du monde entier ont annoncé à grand fracas que j'avais tenté de me suicider. Dans son action en justice contre moi, Skarke a utilisé cette affaire comme un des motifs pour lesquels il réclamait 500 millions de couronnes de dommages et intérêts.

Désormais, de nombreuses personnes de la direction avaient de sérieuses inquiétudes sur le sort de la compagnie. Lors d'une séance du conseil d'administration, j'ai été pressé par les autres membres, au premier rang desquels mon conseiller personnel, Gullström, d'accroître mon investissement dans l'opération. Tour à tour agressif et larmoyant, Gullström a essayé de me faire peur en agitant devant moi les conséquences si nous venions à fermer boutique. Il prétendait, entre autres choses, que je ne reverrais plus jamais mon fils, que je serais obligé de revendre mes biens immobiliers et que mes parents devraient en faire autant, en gros que nous allions tout perdre. J'étais très surpris par sa réaction. Sa femme ne l'était pas moins : elle lui a dit qu'il devait choisir une bonne fois s'il était du côté de Skarke ou du mien. Il avait apparemment décidé, sans m'en avertir bien sûr, de renoncer à être mon conseiller pour basculer dans le camp de mon « associé ».

Ce que j'ignorais, c'est que Gullström avait investi dans une compagnie dont Skarke était le propriétaire. Une société qui, dans une certaine mesure, était d'ailleurs en concurrence avec certaines activités de notre groupe puisqu'elle vendait des vêtements et du matériel de sport. Je n'ai pas pu explorer en détail ce qui se tramait, mais je suis persuadé qu'il y avait là anguille sous roche. Un journaliste a tenté de remonter cette piste. Il a découvert que Skarke et Gullström étaient tous deux en cheville dans cette société. Il a également été étonné d'apprendre que l'adresse de la société n'était autre que celle de *Björn Borg Design Group* à Alvik. Quand ce journaliste a appelé Gullström pour l'interroger sur sa découverte, ce dernier lui a demandé s'il comptait publier cette histoire. Lorsque Gullström a reçu une réponse positive, il est entré dans une rage folle et, après avoir dit au journaliste tout ce qui lui arriverait s'il écrivait la moindre ligne sur cette affaire, il a violemment raccroché le combiné. Le journaliste a été tellement impressionné par les menaces de Gullström qu'il n'a pas osé sortir son article. Toutefois, il m'a récemment fait part de cet incident.

Afin de mieux couvrir ses arrières, Skarke a donné pour consigne aux directions des différentes compagnies de me tenir à l'écart. Tous les contacts avec moi devaient désormais s'établir par son intermédiaire.

En dépit de cette interdiction, les employés de Monte-Carlo m'ont demandé, fin 88 ou début 89, une entrevue personnelle. Ils m'ont alors dit que cela ne pouvait plus continuer ainsi.

– Nous ne pouvons plus travailler avec Skarke. Nous n'avons pas une seconde de paix.

Ils étaient visiblement très inquiets. Je l'étais davantage encore.

LA GRANDE VIE

En 1988 et 1989, Lars Skarke semblait s'être fixé pour objectif de faire étalage au monde entier de son ascension sociale. À ses yeux, les hélicoptères et les limousines étaient les meilleurs signes extérieurs de la réussite. Plus on les faisait attendre, plus on était considéré. Ce type d'excès figurait sur les factures sous la mention « AVS » : « à votre service ».

Skarke faisait profiter les siens de sa limousine; il y transportait aussi son marché jusqu'à sa maison de Stavsborg, près de Stockholm. Il se faisait conduire dans les restaurants à la mode de la vieille ville ou à l'héliport de Gärdet d'où il s'envolait pour le très huppé yachting club de Sandham, dans l'archipel de Stockholm. L'hélicoptère était également utilisé pour acheminer toutes sortes de « denrées » à Stavsborg, du journal du matin aux filles de la nuit. La location des limousines pouvait représenter jusqu'à 700 000 couronnes par an. Quant aux hélicoptères, ils nous ont coûté au bas mot un demi-million de couronnes par an.

Ces dépenses intervenaient au moment où la

masse salariale devenait de plus en plus pesante. Nos effectifs s'étaient en effet accrus de manière spectaculaire. En l'espace de six mois, le nombre de nos employés était passé de six à soixante-dix personnes.

Johan Denekamp a en outre constaté que Skarke, loin de renoncer à ses cartes de crédit, avait augmenté sans vergogne ses prélèvements sur les comptes de la compagnie. Le conseil d'administration a alors décidé que Skarke devait lui restituer ces cartes de crédit, une injonction à laquelle il ne s'est jamais plié. Cela apparaît clairement sur le relevé d'opérations très détaillé que nous a adressé American Express pour l'automne 1988. Outre ce que Skarke faisait facturer directement à la compagnie, il avait utilisé sa carte pour régler 320 000 couronnes en billets d'avion, 180 000 couronnes en restaurants et 140 000 couronnes en dépenses diverses. Au total, ses frais s'élevaient à 2 millions de couronnes*! Cette somme comprend un certain nombre d'achats personnels sans aucun rapport avec la compagnie : des bijoux provenant de la « galerie Lahani » à Hawaii pour 16 000 couronnes, des articles de chez Gucci, Hermès et Louis Vuitton, des manteaux de fourrure ainsi que d'innombrables retraits d'argent liquide qui n'ont jamais été comptabilisés.

Il devenait clair que Skarke n'avait qu'un seul talent véritable, celui de vivre largement au-dessus de ses moyens.

Comme il n'a jamais pu obtenir de permis de

---

* Environ 1,5 million de francs 1993.

travail ni de résidence à Monte-Carlo, la compagnie a dû acheter un appartement dans la Principauté au nom de Gullström, mais réservé à l'usage personnel de Skarke. Cet appartement nous revenait à quelque 21 000 francs par mois et il n'a servi au total qu'une trentaine de nuits par an... Skarke, qui l'avait pourtant fait décorer aux frais de la maison, préférait en effet descendre à l'*Hôtel de Paris*, le palace situé à proximité du casino. Il en ramenait des notes à vous donner le vertige.

Nous avons également dû louer un autre appartement en France, au nom de Skarke cette fois, pour 5 000 francs par mois. Cet appartement n'a pratiquement jamais été habité mais la compagnie – en pratique moi – n'en devait pas moins payer le loyer rubis sur l'ongle.

Skarke n'était pas le seul à brûler la chandelle par les deux bouts. Son bras droit Stig Sjöblom avait aussi un penchant pour les dépenses somptuaires. À Monaco, il a en grande partie décoré son appartement à mes frais : cuisine hypermoderne, panneaux de marbre dans toutes les pièces, mobilier en cuir, tableaux de maîtres... Tout a été décidé par Jahmil, un des décorateurs monégasques les plus en vue et les plus chers. Ses honoraires se sont élevés à quelque 300 000 francs. Plus tard, lorsque Sjöblom a déménagé, il a emporté dans ses valises tout ce qui appartenait en fait à la compagnie. Son premier logement ne semblait pas lui suffire puisque Stig a pris celui d'un autre membre du conseil, Ola Lindell, lorsque celui-ci nous a quittés à l'été

1989. Sjöblom n'a pas davantage réglé la facture de cette nouvelle installation, qui se montait à 110 000 francs.

Sjöblom n'avait pas son permis de conduire, mais cela ne l'empêchait pas de réclamer trois voitures de fonction. D'abord un véhicule ordinaire, comme celui dont bénéficiaient tous les membres de la direction, et qui coûtait 4 000 francs par mois. En outre, Sjöblom avait un droit presque exclusif sur l'Alfa-Romeo de la compagnie. Au départ, cette voiture devait être à la disposition de tous, mais en pratique elle n'était utilisée que par la seconde femme de Sjöblom, Annette. La plupart du temps la voiture restait garée sous les fenêtres de leur appartement, situé à deux kilomètres environ de nos bureaux. Sjöblom recevait de la filiale suédoise de *Design Group* des appointements supplémentaires pour une troisième voiture, louée à l'année chez Avis ou Hertz, et que conduisait son ex-femme restée en Suède. Nanti de tous ces véhicules, Sjöblom n'en utilisait pas moins des taxis pour la plupart de ses déplacements, à Monaco comme à Stockholm. Est-il nécessaire de préciser que ces taxis étaient payés par la compagnie ?

Stig Sjöblom finissait par nous revenir extrêmement cher. Prenons par exemple l'automne 1988. Durant cette période, il a dépensé 250 000 couronnes en billets d'avion, 300 000 couronnes en hôtels, 30 000 en restaurants et 60 000 pour ses voitures et divers frais. Parmi ses fournisseurs figuraient les noms de boutiques prestigieuses, ce qui prouve que des achats personnels ont été effectués sur le dos de la société : Louis Vuitton à Monaco, Mulberry à

Stockholm, Köksmagasinet, Hôtel Monaco, etc. Pas étonnant, dans ces conditions, que *Design Group* n'eût plus d'argent dans ses caisses!

J'ai déjà fait état du goût de Skarke pour les limousines. Il n'était malheureusement pas le seul. Pendant ces années, nous avons été sans aucun doute les premiers clients de la société de location Limousinservice. L'assistante de la femme de Gullström se faisait transporter à nos frais; les assistants, les femmes et les enfants étaient souvent attendus sur l'aire d'atterrissage de la vieille ville ou sur celle de Gärdet pour être ensuite conduits au Café Opéra ou dans un autre des meilleurs restaurants de Stockholm. Ou bien ils allaient à Nybrogatan où Skarke possédait une autre propriété. Les exemples sont innombrables. Les factures étaient adressées à différentes succursales du groupe, ou bien encore à Projekthuset qui faisait suivre sans spécification. Je ne sais pas si cette dernière manœuvre visait délibérément à compliquer tout contrôle mais le fait est que, en pratique, il s'est avéré particulièrement difficile de dresser la liste exacte de tous ces va-et-vient.

Les factures d'hélicoptère étaient bien sûr plus importantes que celles des limousines. Par exemple, je suis en mesure de dire que pour la semaine du 9 au 15 avril 1988, les frais de transport en hélicoptère se sont élevés à 100 000 couronnes.

Pour les voyages à longue distance, Sjöblom et Skarke se satisfaisaient rarement des vols réguliers. La location d'un jet privé qu'ils ont pris de Copenhague à Genève au moment où ils négociaient avec son propriétaire, Claude Camredon, le rachat d'une compagnie suisse, est revenue à 68 000 couronnes. Pour justifier cette facture, le duo Skarke-Sjöblom a affirmé comme un seul homme que Johan Dene-kamp et Staffan Holm étaient aussi à bord de l'appareil et qu'ils étaient tous partis de Stockholm, non de Copenhague. Mensonge flagrant puisque Denekamp et Holm s'étaient rendus à Genève sur un vol régulier en partance de Monaco et qu'ils étaient rentrés de la même façon. En fait Skarke et Sjöblom, ainsi qu'Ingemar Alverdal, qui m'avait aidé en plusieurs circonstances, avaient tous trois utilisé le jet privé pour retourner à leurs loisirs divers. Ingemar s'était rangé dans le camp de Skarke, et j'ai eu plus tard à en payer le prix.

Skarke continuait à prendre l'hélicoptère en toute impunité. En été 1988, l'expert Steve Tinton de la firme Price Waterhouse se trouvait à Stavs-borg en compagnie de Skarke. Steve Tinton s'était attardé et il craignait de manquer son avion pour Londres.

– Pas de problème, l'a rassuré Skarke.

Et à la grande surprise de Tinton, un hélicoptère est bientôt venu atterrir sur la pelouse de la pro-priété.

Un homme aussi sourcilleux sur les dépenses que l'était Steve Tinton s'est à son tour laissé tenter par le grand train de la compagnie : il n'a pas hésité à prendre le Concorde pour rentrer d'un meeting aux États-Unis.

Gullström ne pouvait pas ignorer les agissements de Sjöblom et de Skarke. Il avait été engagé comme observateur, pour prévenir toute tentative visant à me gruger. Il aurait donc dû me contacter, me demander si j'étais au courant de ce qui se passait. Ensemble, nous aurions pu remédier à la situation. Gullström était le seul, à part Skarke et Sjöblom, à connaître les abus et la machination qui s'opéraient dans mon dos. En dehors de ces trois hommes, personne ne savait ce qu'il advenait réellement!

LE BIG BANG

Au printemps 1989, j'effectuai une tournée en
Asie à l'occasion de laquelle je devais disputer une
série de matchs-exhibitions contre McEnroe. Lars
Skarke avait organisé mon emploi du temps de telle
sorte que j'avais mille obligations à remplir pendant la journée, et que je devais jouer un match le
soir. Dans chaque ville c'était la même chose. Sauf
le dernier jour, à Hiroshima, où nous avons dû
faire un trajet de quatorze heures en bus pour aller
à Osaka, les correspondances aériennes étant trop
mauvaises. Aussitôt après avoir joué à Hiroshima,
nous sommes montés dans un bus, ce qui en soi n'a
rien de dramatique, sauf quand le trajet dure
quatorze heures. Le lendemain soir, nous sommes
retournés à Hiroshima en avion. Tous à l'exception
de Skarke, qui s'était déjà envolé pour l'Europe...
Quand il s'agissait d'aller aux États-Unis pour
rencontrer le président de la Maison-Blanche,
Skarke estimait qu'il était de son « devoir » d'être
présent. Mais voyager en bus, supporter les désagréments de notre périple japonais, faire des opéra-

tions de relations publiques, c'était au-dessous de lui.

J'ai découvert plus tard que Skarke m'avait complètement trompé sur les retombées financières de cette tournée. Elles étaient loin d'être aussi mirifiques que nous l'avions escompté. En effet, les exhibitions avaient perdu leur principale source de revenus lorsque les télévisions japonaises avaient renoncé à couvrir les matchs, suite à cette malencontreuse histoire d'intoxication alimentaire et des rumeurs qui avaient suivi. Skarke savait que c'était une quasi-catastrophe et que cela expliquait les pauvres résultats de la compagnie asiatique *Björn Borg Sports Management* pour les cinq premiers mois de 1989. Mais lors d'une séance du conseil d'administration, il n'a pas hésité à présenter nos opérations en Asie comme un véritable triomphe.

Il a également menti par omission. Je crois qu'il importait pour lui de laisser croire aux membres du conseil que la compagnie dépendait de moins en moins de mon prestige personnel et de mes activités sportives. L'assise du groupe apparaissait ainsi plus stable. Skarke ne voulait pas que le conseil réalise que mes apparitions personnelles avaient généré les seuls revenus de *Björn Borg Sports Management* en Asie. En effet nous aurions pu, par déduction, nourrir des soupçons sur la situation de *Design Group* en Europe : pourquoi fallait-il injecter tant d'argent, sans espérer de revenus immédiats, alors que ma participation était ici très active? Skarke ne tenait pas à ce que je me pose une telle question. Dans plusieurs magazines, il a par la suite admis m'avoir menti à ce sujet, prétextant qu'il ne voulait pas inquiéter inutilement le conseil d'administration!

Au printemps 1989, nous avons également discuté d'un projet à Whistler Mountain, au Canada, projet aux termes duquel j'aurais laissé l'usage de mon nom et régulièrement participé à une série de tournois de tennis. Mais rien de concret n'a jamais vu le jour.

Skarke se considérait comme le meilleur vendeur de la compagnie. Le personnel avait une tout autre opinion de lui, le considérant plutôt comme un fourgueur à la sauvette qui aurait réussi. Du genre de ceux qui, vêtus d'un grand imperméable, abordent le chaland dans la rue avant de lui exhiber une batterie de montres accrochées au pan intérieur de leur manteau. Skarke avait simplement remplacé les montres par des vêtements, des chaussures, des produits en cuir qui tous portaient mon nom. Bref, tout le monde le prenait pour une sorte de bouffon, et l'on se croyait obligé de rire de ses plaisanteries. Skarke n'a pourtant jamais compris qu'il n'était pas aussi important qu'il le croyait. Un vrai clown sait au moins pourquoi les gens lui rient au nez...

En dépit des honoraires exorbitants que nous avait déjà soutirés la firme Price Waterhouse, Skarke lui a demandé une évaluation dont l'ébauche nous a été présentée au milieu de février 1989. La valeur de notre groupe était estimée à 200 millions de couronnes. En fait, cette évaluation n'a jamais été menée à son terme. Plus tard, j'ai découvert que Price Waterhouse avait exprimé le désir de me rencontrer avant de poursuivre le travail. Les représentants de la firme avaient sollicité auprès de Skarke et Sjöblom cette rencontre qui malheureusement n'a jamais eu lieu, puisque je n'en ai pas été informé. Nous n'avons donc pas pu disposer de l'évaluation définitive lors des discussions cruciales dont l'objet était l'obtention de capitaux supplémentaires. À vrai dire, il est sans doute heureux pour Price Waterhouse que cette évaluation n'ait jamais été terminée et donc jamais utilisée dans un contexte officiel, car les premières estimations étaient bourrées d'erreurs et fondées sur de fausses hypothèses.

Au lieu d'achever ce bilan, commencé par Price Waterhouse pour une somme rondelette que Skarke et Sjöblom n'ont bien sûr jamais eu à payer, une nouvelle évaluation a été commandée auprès de Drexel-Burnham-Lambert, une banque d'affaires qui jouissait alors d'une excellente réputation. Nous lui avons demandé une estimation fondée sur le budget des trois prochaines années, en vue d'organiser au mieux notre financement. Skarke prétendait que tous les budgets présentés étaient parfaitement fiables, car d'une prudence presque excessive. Il se disait convaincu que nos résultats seraient supérieurs aux prévisions établies par Johan Denekamp.

En cela, Skarke se trompait lourdement. La vérité, c'est que nos budgets étaient beaucoup trop optimistes : en effet, Skarke avait menacé Denekamp des pires ennuis si les chiffres et les graphiques ne dessinaient pas un panorama largement positif. Parce qu'elle s'inspirait de fausses données, l'évaluation de Drexel-Burnham-Lambert ne pouvait donc pas correspondre à la réalité.

Je crois que la banque d'affaires a commis l'erreur de nous comparer à des holdings bien plus importants, ce qui a conduit à une surestimation de notre groupe. D'autre part, les budgets qui leur ont été soumis avaient été corrigés au moins trois fois au cours des derniers huit mois parce que les objectifs n'avaient pas été atteints. C'est sur ces bases très mouvantes que Drexel-Burnham-Lambert a estimé la valeur du groupe à 125 millions de couronnes.

Skarke se rendait constamment coupable de rétention d'informations vis-à-vis du conseil d'administration. Les budgets n'en sont qu'un exemple parmi d'autres. Nous n'avons jamais vu non plus de données chiffrées sur la réalisation des objectifs du groupe. Nous n'avons pas davantage reçu de prévisions précises, si bien que, lors d'une séance de mars 1989, le président du conseil de la compagnie de Jersey, Hakan Frisinger, a fini par en demander formellement à Skarke. Autant prêcher dans le désert...

Au lieu de prospecter auprès de nouvelles banques, Skarke s'obstinait à traiter avec les représentants de la Gotabank, et notamment avec Ulf Holmström, auprès de qui il avait, il est vrai, une influence presque magique. Le problème c'est que lorsque Skarke avait réussi – par je ne sais quel moyen – à lui arracher une promesse de crédits,

Holmström avait ensuite toutes les peines du monde à obtenir l'aval de sa hiérarchie.

En mai 1989, le conseil d'administration a décidé que la branche américaine ne vendrait pas de vêtements de tennis, puisque les revenus escomptés étaient trop modestes. En contrepartie, l'accent serait mis sur la ligne « sport » qui était considérée comme plus profitable. En dépit de cette décision au sommet, notre filiale a continué de vendre des vêtements de tennis. Pourtant, Skarke a informé le conseil d'administration que les opérations aux États-Unis se faisaient comme prévu... Ou bien il mentait grossièrement, ou bien il n'avait aucun contrôle sur les événements.

Skarke et moi continuions nos négociations pour savoir quelles sommes nous devions chacun injecter dans la compagnie. Les discussions portaient bien sûr sur l'option d'achat que j'avais donnée à Skarke. Un jour, Webber, Skarke, Sjöblom et moi nous sommes réunis chez Julian Jakobi, à Londres. Nous nous sommes efforcés de dresser un contrat acceptable par tous. Il y avait visiblement deux camps et je commençais à me demander ce qui se passait. Nous étions censés résoudre ce problème ensemble, mais il me semblait soudain que Skarke faisait machine arrière. Après d'interminables tergiversations, il a accepté d'injecter un quart du capital, soit 10 millions de couronnes, en échange d'une part proportionnelle dans la compagnie, soit 25 %. Le problème pour Skarke, c'est qu'il n'avait aucun capital à investir mais qu'il voulait quand même une part du gâteau. Finalement, Julian

Jakobi et John Webber lui ont obtenu un prêt et il a pu apporter ses 25 %.

Quand deux associés ou plus détiennent des parts dans une compagnie, on établit notamment un contrat spécial pour déterminer les responsabilités respectives. Ce travail a été confié au cabinet d'avocats Nabarro Nathanson. En parallèle, il fallait établir un contrat par lequel je cédais à la compagnie de Jersey le droit d'utiliser mon nom et mes marques déposées. Dans tous les documents antérieurs, Skarke avait fait en sorte que nous apparaissions tous deux comme des actionnaires de la compagnie, alors qu'en fait cela n'est devenu une réalité qu'à partir de ce printemps 1989. Tous ceux qui ont travaillé sur notre accord, y compris l'avocat de Skarke, Mats Mullern, ont ainsi cru que Skarke était déjà actionnaire de la compagnie avant cette date.

Mais tandis que nos conseillers et nos avocats négociaient le partage des actions de *Björn Borg Enterprise*, Skarke et Sjöblom, assistés de Richard Harris de Price Waterhouse, étaient en train de restructurer complètement le groupe. Sjöblom avait déjà planché sur le problème en mai 1989, sans que rien ne voie jamais le jour.

Sjöblom et Skarke ont par la suite affirmé que c'était Julian Jakobi, d'International Management Group, qui était responsable de la création de nouvelles sociétés. Pourtant, Sjöblom a écrit noir sur blanc dans ses mémos qu'il s'était occupé lui-même de tous les détails pratiques. Mais comme à son habitude, il n'a jamais mené cette entreprise à son terme.

Durant l'hiver 1988-89, Skarke et moi sommes parvenus à un accord avec la Gotabank : en dépit du fait que nous n'avions pas encore trouvé de solution à notre problème, Skarke a promis à Ulf Holmström que le nouveau capital-actions serait payé au plus tard le 10 mars 1989.

Ce n'est que le 5 mars que Skarke a confirmé que nous étions parvenus à un accord stipulant qu'il injecterait 10 millions de couronnes dans la compagnie et moi 30 millions, afin que *Design Group* puisse continuer à fonctionner. Cela fait, Skarke a demandé à IMG d'arranger son financement. Il s'est avéré que rien ne pouvait se faire avant mai. Sjöblom devait ensuite se charger des démarches légales pour accroître officiellement le capital-actions du groupe.

Je venais donc d'investir 30 millions de couronnes*, soit un joli magot, même compte tenu de mes moyens. J'ignorais alors que cette somme ne nous mènerait pas très loin... Skarke, de son côté, savait qu'il faudrait le double, ou même le triple, pour renflouer le navire. En prévision, il est resté en bonnes relations avec Keith Harris de Drexel-Burhnam-Lambert, surestimant probablement le rôle que cet homme pouvait jouer.

Comme tout le monde, Keith Harris a été berné sur la situation réelle du groupe. Lorsqu'il s'est trouvé entraîné dans l'affaire, fin 88-début 89, il était persuadé de pouvoir obtenir des crédits sur ma seule réputation. Bien sûr cela n'a pas marché, en grande partie parce que Keith Harris ne dispo-

---

* Environ 22,5 millions de francs 1993.

160

sait pas de toutes les informations dont il avait besoin. Finalement, il a songé à financer les opérations avec ces fameux junk bonds, « bons de pacotille » sans grande sécurité mais assortis de forts taux d'intérêt. D'après ce que j'ai entendu dire, Harris partageait tous les vices de Skarke, y compris son goût pour les filles peu farouches. Tous deux s'étaient promis de faire fortune rapidement. En attendant, Skarke voulait garder Harris dans sa manche : il a fait en sorte que personne, hormis lui-même et Sjöblom, n'ait de contacts avec Keith.

Le plus étonnant, c'est que ni Price Waterhouse ni Drexel-Burnham-Lambert n'ont été en relation avec le directeur financier de notre groupe, Johan Denekamp. Toutes les évaluations reposaient uniquement sur les informations fournies par Skarke et Sjöblom. Si les experts de ces deux firmes avaient pu entrer en contact avec Johan Denekamp, ils auraient sans doute appris qu'il ne fallait pas se fier aveuglément aux résultats prévisionnels présentés par Sjöblom et Skarke.

Drexel-Burnham-Lambert s'est révélé ne pas être la banque irréprochable sur laquelle nous avions compté. Pendant plusieurs années, des membres de cette firme s'étaient en effet rendus coupables de diverses malversations et ont été condamnés à payer des amendes records.

En dépit de tous ces problèmes, Skarke continuait d'afficher aux yeux de notre équipe – et en particulier de Staffan Holm, directeur général du siège central de *Design Group* à Monaco – une confiance à toute épreuve sur nos chances d'obtenir des crédits.

– Je me charge de tout, répétait-il. Vous savez que je suis le champion du monde de la finance. Continuez à faire votre boulot et laissez-moi les questions d'ordre financier.

De la même façon, il me promettait qu'il nous suffirait d'injecter notre argent dans la machine pour que tout aille comme sur des roulettes. À cette époque, nous avions commencé une vente limitée de la marchandise disponible, ainsi que des vêtements fabriqués par la compagnie que nous avions rachetée à Eiser. Mais il n'a jamais été question de quantités très importantes.

Ce même printemps 1989, une bataille interne faisait rage, dont je savais peu de choses. Skarke essayait d'obtenir du directeur financier qu'il « maquille les chiffres », selon les propres mots de mon associé.

Lorsque Denekamp a refusé de s'exécuter, Skarke a tour à tour usé de menaces et de promesses pour le faire plier. Un jour Johan se voyait promu s'il faisait plaisir à Skarke, le lendemain il était menacé de licenciement s'il refusait de truquer les bilans.

Pour offrir une belle apparence, le budget a été sans cesse révisé : pas moins de huit fois en cinq mois. Un exemple de la technique employée : les ventes étant très faibles, le solde indiquait des pertes sèches. Skarke s'arrangeait pour gonfler au maximum les profits réalisés sur chaque produit, paire de chaussettes ou veste, afin de parvenir à un résultat plus flatteur. C'était bien sûr une manipulation flagrante, sans aucun rapport avec la réalité de nos ventes.

En 1989, toute l'équipe a donné un formidable coup de collier. Un certain nombre de choses positives ont pu ainsi être réalisées. Mais personne ne savait ce que faisait exactement Skarke. La seule chose qu'on puisse dire, c'est qu'il donnait l'impression d'un homme débordant d'activité. S'il y avait un domaine où il nous battait tous, c'était dans sa capacité à rester longtemps sur le pont. Il pouvait passer plusieurs nuits blanches de suite, prenant peut-être une heure de sommeil ici ou là, sans rien laisser paraître de sa fatigue pendant la journée. Tout cela en dépit du fait qu'il semblait atteint d'un rhume chronique qui l'obligeait à renifler en permanence...

Nos dépenses continuaient d'augmenter. En mai, les intérêts de nos emprunts dépassaient déjà nos maigres revenus, qui provenaient tous de mes anciens contrats. L'automne allait constituer un cap crucial. Il était vital que les ventes de vêtements décollent enfin...

Nous avons finalement vendu quatre cent mille vêtements appartenant à la collection d'automne. Malheureusement, ce n'était pas suffisant pour nous remettre d'aplomb. Nous avions un besoin urgent de plus de 60 millions de couronnes*. Et il nous fallait attendre 1993 pour générer enfin des

* 45 millions de francs 1993.

profits, à condition toutefois que les ventes explosent.

La première évaluation réalisée par Drexel-Burnham-Lambert s'était révélée sans grande valeur, je l'ai dit. Afin de compléter leur travail, les experts voulaient s'assurer que leurs premières estimations correspondaient à la réalité de notre entreprise. Malgré de nombreuses lettres de rappel à l'attention de Skarke, Sjöblom et Gullström, Drexel-Burnham-Lambert n'a jamais reçu de réponse. J'imagine que c'est la raison pour laquelle Skarke n'a pas obtenu le financement qu'il s'était fait fort d'arracher. Skarke était en pourparlers avec les représentants de la firme depuis de longs mois, et soudain, alors qu'ils étaient sur le point de dire oui, ils ont refusé net. Nous étions tous abasourdis. Ils avaient simplement perdu toute confiance en *Design Group* en constatant qu'il leur était impossible d'obtenir des chiffres corrects.

Une réunion d'urgence s'est alors tenue à Stavsborg. Sjöblom et Gullström y assistaient, ainsi que d'autres. Il nous fallait absolument trouver quelqu'un disposé à investir dans le groupe.

Nous pensions n'avoir aucun argent disponible dans nos filiales. Soudain, dans la panique générale, nous avons découvert que la situation était plus grave encore puisque le siège central de Monaco devait quelque 20 millions de couronnes à la compagnie suédoise *Björn Borg Invest*.

Les membres de la direction s'imaginaient de plus en plus dans la peau des généraux allemands au moment où le vent a tourné, à la fin de la Seconde Guerre mondiale. Il n'y avait qu'une seule façon de sauver l'empire : trancher la tête, se débarrasser du chef, en l'occurrence mon encombrant associé.

*
**

Skarke et Sjöblom avaient répandu l'absurde rumeur selon laquelle je ne désirais avoir aucun contact avec le personnel et ils avaient en conséquence interdit qu'on m'adresse la parole. Hakan Frisinger se voyait frappé du même ostracisme. Skarke était le seul à pouvoir nous parler. C'était parfaitement grotesque. En ce qui me concerne, j'étais toujours disposé à débattre avec le personnel et c'est ce que je me suis efforcé de faire dans les derniers temps.

Je n'étais pourtant jamais impliqué dans les négociations salariales. Je me souviens que mon père et moi avons un jour demandé à Skarke quelle était l'échelle des revenus au sein de notre groupe. Il nous a simplement répondu que les salaires étaient ceux en vigueur sur le marché.

Je sais aujourd'hui que beaucoup de nos directeurs ont perçu des émoluments très élevés, bien supérieurs à ceux pratiqués en général surtout si l'on tient compte du fait que certains des bénéficiaires résidaient à Monaco et ne payaient donc pas d'impôts. Quant à Skarke, il affirmait ne jamais avoir pris un centime dans les caisses de la compagnie. Il s'agissait bien sûr d'un mensonge grossier. Skarke négociait les salaires avec Gullström et Sjöblom : ils pouvaient à loisir se livrer à tous les tours de passe-passe imaginables. Johan Denekamp en sait quelque chose, lui qui passait une partie de son temps à remettre de l'ordre dans les dépenses inconsidérées de Skarke.

Si tout allait si mal, c'est en grande partie parce que je n'avais pas les contacts nécessaires avec Gullström et Sjöblom, Skarke les ayant entièrement à sa botte.

Les autres membres de la direction comme Christer Björkman, qui s'occupait du marketing, les P-DG Staffan Holm et Johan Denekamp, qui avait quitté la firme Price Waterhouse pour devenir le directeur financier de *Design Group*, et enfin Rolf Skjöldebrand étaient d'une autre trempe. C'étaient des hommes honnêtes et dignes de confiance. Malheureusement, ils étaient pratiquement réduits à l'impuissance, puisque Skarke avait autorité sur le groupe entier.

Christer Björkman, qui incidemment a représenté la Suède au concours de l'Eurovision 1992, s'est débrouillé pour obtenir le numéro de téléphone de Frisinger. Il a transmis ce numéro à Staffan Holm; en effet, les membres du conseil – c'est-à-dire tout le monde à l'exception de Sjöblom et de Skarke – étaient convenus qu'il fallait entrer en contact avec Frisinger afin de lui faire entendre clairement que la situation devenait intolérable.

Holm a donc appelé Frisinger et lui a dit que Skarke manipulait les chiffres de la compagnie, que ses dépenses étaient exorbitantes et qu'il n'avait toujours pas renoncé à sa carte de crédit, en dépit de la décision du conseil d'administration de l'en priver. En outre, Skarke faisait régner une atmosphère de terreur dans les bureaux en s'ingéniant à créer des frictions entre les uns et les autres.

Frisinger a alors contacté Skarke, lequel a réglé le problème à sa manière. C'est-à-dire qu'il a fait en sorte que Staffan Holm soit désormais écarté de toute décision, et même qu'il soit licencié. Je ne crois pas que Frisinger ait été à l'origine des actions intentées contre Holm. Skarke était depuis longtemps passé maître dans l'art de déformer la vérité et d'embrouiller les situations. Il n'avait besoin de personne pour mettre à exécution son désir de se débarrasser de Holm.

On s'en doute, Skarke n'a jamais officiellement fait mention de toutes ces péripéties lors des séances du conseil d'administration. Je me suis demandé par la suite pourquoi Frisinger n'avait pas tenté de vérifier les dires de Holm, sur les falsifications introduites par Skarke dans les rapports financiers et les prévisions qu'il nous présentait. Après tout, ce travail de supervision est placé sous la responsabilité du président du conseil. Comme il n'a pas été accompli, je ne peux m'empêcher de m'interroger sur les relations qu'entretenaient Skarke et Frisinger.

En juin, Johan Denekamp, le directeur financier, a essayé de me contacter par plusieurs biais. À la veille d'une réunion du conseil, décidant qu'il ne pouvait plus fermer les yeux sur les agissements de Skarke, il a décidé d'envoyer un fax à Julian Jakobi pour le presser de ne pas se fier aux bilans présentés, car ils étaient truqués. Mais alors que le directeur financier allait envoyer ce fax, Sjöblom l'a pris la main dans le sac et l'en a empêché. Plus tard dans la soirée, Denekamp a cependant réussi à adresser en cachette son message de mise en garde.

Il a également tenté de s'entretenir avec Frisinger. Il l'a invité à venir prendre le petit déjeuner dans l'espoir de lui exposer la situation financière du groupe sans être dérangé par Skarke. Mais celui-ci a fait une apparition inopinée, horrifié de découvrir les deux hommes en grande discussion. Skarke se doutait que Denekamp allait donner un son de cloche bien différent du sien. Attrapant le directeur financier par le col, il l'a carrément vidé de sa chaise et lui a demandé ce qu'il faisait là :

– Ne vous ai-je pas formellemnt interdit de parler à Frisinger?

– Si, mais...

– Est-ce que vous êtes *avec* moi, ou *contre* moi?

– Je suis pour la vérité.

Chacun comprenait désormais que le groupe devait être élagué. Restait à déterminer une manière de s'y prendre qui ne nous fût pas fatale. Denekamp a donc planché sur plusieurs scénarios.

Toutes les tentatives de Skarke pour obtenir de l'argent s'étant soldées par des échecs, je me suis tourné vers un de mes contacts en Italie. L'ensemble ne tenait plus qu'à un fil. Je ne pouvais rien garantir, mais je voulais me battre jusqu'au bout.

J'ai fait tout ce qui était en mon possible pour sauver la compagnie, ou ce qui pouvait encore être sauvé.

J'ai discuté avec de nombreuses sociétés et avec beaucoup de gens que je connaissais dans le monde entier. Mais après examen de nos statistiques et de notre bilan de fin d'année, personne ne voulait miser un centime sur nous. Skarke de son côté n'avait personne de très utile dans son carnet d'adresses.

Malheureusement, mes efforts se sont révélés vains. Nous avions dépassé les bornes du raisonnable. J'ai alors transmis la triste nouvelle au conseil d'administration.

De façon parfaitement absurde, Skarke devait trouver le moyen d'exploiter ma dernière tentative de sauvetage lorsque, à l'automne 1989, il a réclamé auprès du tribunal de Nacka la somme de 500 millions de couronnes en dommages et intérêts.

Le 7 juillet a été un jour de règlements de comptes dans la compagnie. Sjöblom a convoqué Staffan Holm, Rolf Skjöldebrand, Johan Denekamp et Christer Björkman dans la salle du conseil de *Design Group*, avenue de la Costa à Monaco. Là, il leur a annoncé qu'ils étaient tous renvoyés, quelle que soit la durée de leur contrat d'embauche.

Ce coup de force a dû procurer une immense satisfaction à Skarke : il devançait ainsi une démission probable qui n'aurait pas manqué d'apparaître comme une mutinerie à son encontre. Il ne se souciait aucunement du fait que ces licenciements entraînaient pour la compagnie – autrement dit pour moi – le règlement d'indemnités considérables. Comme *Design Group* était à court de liquidités, j'ai été contraint de payer ces sommes substantielles de ma poche.

Lors de la séance du conseil d'administration du 13 juillet, nous avons appris que la branche américaine de la compagnie battait sérieusement de l'aile. Pour éviter l'asphyxie, elle avait un besoin urgent de 6 millions de couronnes.

C'était un choc pour moi, car à la fin juin, Johan Denekamp avait dressé une liste de nos besoins immédiats : 3,5 millions de couronnes. Les choses allaient encore s'accélérer pendant tout l'automne, de telle sorte qu'en décembre cette estimation avait décuplé : il nous fallait trouver 36 millions de couronnes! Et la filiale américaine qui réclamait de l'argent comme une couvée d'oisillons réclame sa nourriture! Quelles étaient dès lors nos chances de survie? Skarke était paralysé et il avait de fait quasiment disparu de la circulation.

Fin juillet, il ne nous restait plus un centime en caisse. Et nous ne pouvions espérer aucune rentrée d'argent avant la fin septembre. Que faire en attendant? Les demandes d'argent pleuvaient de toute part. Le groupe créé par Skarke était devenu un tonneau sans fond dans lequel l'argent s'engouffrait à grands flots. Comment arrêter une telle cataracte?

À vrai dire, nous n'avions plus le choix. Nous étions pratiquement à sec. Même si j'avais disposé de 50 ou 60 millions, je ne sais pas si je les aurais employés pour permettre à la compagnie de continuer. J'avais déjà investi quelque 45 millions qui avaient été engloutis corps et biens.

C'est le moment qu'a choisi Skarke pour annoncer, lors d'une séance du conseil *Björn Borg Invest,* qu'il ne pouvait pas rester plus longtemps au sein d'une compagnie en « profond déclin », selon les termes mêmes qu'il a utilisés en me faisant part de sa décision.

À dire vrai, sa réaction n'avait rien de surprenant. Skarke n'avait pas pour habitude d'assumer ses responsabilités. Confronté à cette crise, il n'avait aucun remède à suggérer. Il s'est donc contenté de m'abandonner les rênes du pouvoir.

Malheureusement, dans notre situation, il n'y avait plus d'autre choix que de fermer boutique. Les semaines qui ont suivi ont été parmi les plus éprouvantes de ma vie. Mais si j'avais poursuivi l'activité alors que le groupe affichait des pertes nettes et manquait cruellement d'argent, j'aurais commis un véritable crime. Johan Denekamp m'a proposé plusieurs alternatives, mais sans croire lui-même dans leurs chances de succès.

La seule chose à faire était donc de cesser nos activités. Le fardeau accumulé par Skarke, Sjöblom et Gullström était désormais trop lourd à porter. Pour continuer, il fallait engager des sommes qui dépassaient largement mes possibilités. Lors de la séance du conseil du 20 juillet 1989, Skarke a cependant présenté une ultime proposition de financement par le groupe Mercurius, spécialisé dans le rachat de sociétés en difficulté. Skarke avait contacté son propriétaire, Peter Gyllenhammar. Ils se connaissaient déjà et je n'ai pas tardé à constater qu'ils étaient taillés dans la même étoffe. Les deux hommes ont suggéré que le groupe Mercurius rachèterait les droits d'exploitation de mon nom. En échange, nous pourrions emprunter 47 millions de couronnes. J'ai repoussé cette offre. Nul autre que moi n'utiliserait mon nom. J'étais encore moins disposé à l'idée de racheter plus tard les droits d'exploitation pour une somme colossale.

J'ai alors informé mon conseiller, Tim Sice, d'IMG, que je refusais cette dernière proposition. Nous avons tous les deux voté d'avance. Mais tous les autres, y compris mon ancien conseiller Gullström, ont voté en sa faveur, et donc contre moi.

Je savais qu'il nous fallait au moins 60 millions de couronnes, même en tenant compte du fait que nous étions enfin parvenus à infléchir les dépenses extravagantes de Skarke. Le plus inquiétant, c'est que nous avons pu établir que la majeure partie de cette somme aurait été dépensée sur une période allant de juillet à décembre.

Au point où en étaient les choses, a fait remarquer Hakan Frisinger, les actionnaires ne pouvaient plus se poser qu'une seule question : allaient-ils injecter de nouveaux capitaux? Dans le cas contraire, il ne restait que la faillite. J'ai quitté la salle avec Skarke pour discuter de cette éventualité. Je lui ai demandé s'il croyait encore aux chances de la compagnie et s'il était disposé à mettre de l'argent avec moi. Sa réponse aux deux questions fut négative. C'est sans doute la conversation la plus brève et la plus claire que j'aie jamais eue avec mon associé.

Tim Sice m'a rappelé le lendemain pour me soumettre plusieurs solutions de rechange. Elles m'ont paru viables et je lui ai déclaré que j'étais prêt à m'engager dans cette voie.

Il a ajouté qu'il avait eu des conversations avec Sjöblom, Gullström et Peter Gyllenhammar afin de réexaminer l'offre du groupe Mercurius. Sur le conseil de Sice, je me suis alors entretenu avec Gyllenhammar et nous nous sommes mis d'accord sur un nouveau projet. Le dimanche après-midi, nous avons conclu un accord qui devait être rendu public le lendemain matin.

Jakobi a présenté cet accord à Skarke, qui s'en est déclaré satisfait. De son côté, il en a parlé à la Gotabank. Un des points portait sur mon implication dans la société. Gyllenhammar était très désireux de me voir jouer un rôle actif. Pour m'en donner le preuve, il m'a offert une option de 25 % sur la nouvelle compagnie. Jakobi avait demandé à Gyllenhammar de ne pas révéler à Skarke la teneur de cette proposition, voulant éviter qu'il ne vienne jouer les trouble-fête. Mais en dépit de sa promesse, Gyllenhammar a tout raconté à son ami.

Le dimanche suivant, 23 juillet 1989, le magazine *Expressen* a publié un long article sur le scandale financier de *Design Group*, laissant clairement entendre que Skarke était la cause de la situation catastrophique dans laquelle se trouvait la compagnie. Comme cela arrive souvent, le choix du gros titre rendait l'article ambigu. Répondant à une question du journaliste sur la situation financière, je m'étais contenté de déclarer qu'il fallait interroger Skarke, puisqu'il était responsable de ce domaine. Cela a donné la manchette suivante : « Skarke est responsable. » C'était exact, bien sûr, mais je n'en savais rien alors et, en tout cas, je n'en avais aucune preuve. Ma déclaration n'était pas une accusation de but en blanc mais la simple constatation que Skarke était chargé des questions financières au sein du groupe. Un peu plus tard, j'ai reçu un coup de fil hystérique de Gyllenhammar, qui parlait désormais de se retirer.

Prenant prétexte de l'article d'*Expressen*, le P-DG de Mercurius s'est effectivement désisté. Julian Jakobi a essayé de lui faire entendre raison, mais en vain. Il a donc fallu renoncer. La mort dans l'âme, et après concertation, j'ai finalement pris la décision de nous placer en cessation d'activité.

A posteriori, le fait que Mercurius ne soit pas devenu propriétaire a sans doute été une bénédiction : ce groupe est aujourd'hui au bord de la faillite. Ma décision n'était en aucune manière un caprice d'enfant gâté qui casse son jouet, comme on l'a parfois suggéré. Elle reposait tout bonnement sur le fait que nos dépenses étaient très élevées alors que nous n'avions pratiquement aucun revenu. Trouver un soutien extérieur s'était révélé impossible. *Björn Borg Design Group* de Monaco devait environ 21 millions à *Björn Borg Invest*. Une somme que nous étions incapables d'avancer. *Björn Borg Invest* a donc dû cesser tout paiement le 27 juillet 1989.

APRÈS LE BIG BANG

La firme Ackordscentral a été contactée en vue d'entamer la procédure normale des négociations avec les créanciers. Ackordscentral est une organisation privée détenue par des compagnies suédoises, et sa vocation consiste à restructurer les compagnies déclarées insolvables. Bien qu'on fût au milieu de l'été, le P-DG d'Ackordscentral Peter Smedman, s'est jeté à corps perdu dans cette tâche.

Peter Smedman n'aime qu'une chose en dehors de sa propre personne : la publicité faite autour de son nom. Il a soigneusement classé dans un dossier tous les articles de presse l'ayant mentionné pendant l'automne 1989 et le printemps 1990.

Dans le traitement de notre affaire, Peter Smedman s'est montré fidèle à lui-même. C'est-à-dire que les médias n'ont pas manqué d'ingrédients à se mettre sous la dent. Déclarations intempestives, interviews multiples, informations distribuées à la presse écrite, à la radio et à la télévision se sont succédé. Dès ses premiers contacts avec les journalistes, Peter Smedman a fait savoir que les créanciers ne devaient en aucun cas s'inquiéter, car ils seraient tous remboursés. Comment le P-DG d'Ackordscentral pouvait-il s'engager de la sorte alors qu'il ne savait rien de *Design Group* et qu'il n'avait aucune solution miracle dans sa besace?

Ma première entrevue avec Peter Smedman aurait dû me mettre la puce à l'oreille. Il m'a reçu avec Henning Sjöström, mon avocat, qui à cette époque s'occupait de mes problèmes d'ordre personnel, en particulier de la garde de mon fils Robin et du procès intenté par Skarke. J'avais confié les différends commerciaux à mon avocat italien Luciano Iannantuoni, en juin 1989.

C'était la première fois que je rencontrais Smedman, mais je savais qu'il passait pour un expert dans son domaine. D'emblée il m'a parlé des rapports amicaux qu'il entretenait avec les grands patrons de l'industrie et de la finance suédoises. Il m'a même montré des photos prises en leur compagnie, sans doute pour mieux insister sur l'intimité de leurs relations et sur le prestige personnel qu'il tirait à fréquenter de telles personnalités.

– Est-ce que Henning pourrait prendre une photo de vous et de moi, Björn? a-t-il soudain demandé.

C'est la dernière question à laquelle je m'attendais en entrant dans les bureaux d'Ackordscentral pour discuter de mon dépôt de bilan. Pris au dépourvu, je n'ai pu qu'accorder cette mince faveur. Ce moment immortalisé sur la pellicule, Smedman s'est mis à parler des premiers contacts avec les créanciers, contacts auxquels il avait lui-même participé.

– Ne vous inquiétez pas, Björn. Je me charge de tout. Vous pouvez me faire confiance.

Mais il ne m'a donné aucune indication sur la manière dont il comptait procéder.

Toutefois, j'ai reçu de Smedman l'entière assurance qu'il allait s'attacher à défendre non seulement ma compagnie, mais aussi mes intérêts propres. Il se prétendait à cent pour cent de mon côté. En dépit du caractère vague de ces déclarations, je me suis cependant senti rassuré. Smedman semblait véritablement disposé à m'aider. À travers ses paroles de réconfort et ses coups d'encensoir sur le travail déjà accompli par Ackordscentral, je commençais à penser qu'il était une sorte de soldat de l'Armée du Salut et qu'il allait nous sortir de l'ornière, moi et ma compagnie.

Au moment de nous quitter, il m'a donné l'accolade et m'a assuré une dernière fois que tout irait pour le mieux. Rendus un peu perplexes par cet entretien, Henning Sjöström et moi avons quitté les bureaux d'Ackordscentral sans avoir reçu la moindre information sur ce que son intervention allait nous coûter. Sans le formuler vraiment, je ne pouvais m'empêcher de me demander à quelle sauce nous allions être mangés.

Le 2 août 1989, Peter Smedman est descendu à Monaco pour rencontrer Tim Sice, mon conseiller d'IMG, et mon avocat, Luciano Iannantuoni. Il s'agissait de coordonner les mesures à prendre pour liquider la société et pour régler l'ensemble des dettes contractées par les différentes filiales. Il fallait que je sois fixé sur ce qu'il allait m'en coûter. L'autre terme de l'alternative était la faillite pure et simple. Sjöblom, le bras droit de Skarke, était également de la partie puisqu'il était le seul direc- teur restant des deux compagnies monégasques. Tous les autres avaient été licenciés.

Je n'ai pas pu me joindre à cette réunion. Quant à Skarke, il avait adopté un profil bas. On dit que la discrétion est le premier signe de la valeur. S'il avait suivi cette devise plus tôt, la compagnie aurait survécu et elle serait aussi rentable que la division « vêtements » l'est aujourd'hui.

Lars Skarke avait tout bonnement pris la poudre d'escampette, abandonnant derrière lui les ruines de *Design Group*. Il avait licencé toute la direction du siège monégasque. Quant aux conseils d'admi- nistration de la compagnie de Stockholm et de celle de Jersey, ils avaient présenté leur démission. D'où pouvais-je espérer un quelconque secours?

Lors de cette réunoin du 2 août, mon avocat, Iannantuoni, et Peter Smedman ont pris toutes les décisions financières qui s'imposaient. Le but était bien sûr de sauver le maximum. Les discussions portaient sur le choix des dettes à honorer, sur leur montant, et sur mon éventuelle responsabilité per- sonnelle, à laquelle Peter Smedman semblait tenir. Or, si elle était établie, cela signifiait que je devrais m'acquitter personnellement de toutes les dettes. Curieusement, personne n'a soulevé le problème de la responsabilité de Skarke...

La presse mondiale avait entrepris le siège de ma maison à Värmdö. J'aurais voulu arracher les fils de mon fax. Journalistes, avocats, créanciers... tous avaient apparemment eu accès à mon numéro et le télécopieur déversait sans interruption des mètres et des mètres de papier. Au début, je m'efforçai de lire tous les messages. Puis j'ai renoncé. Au milieu de cette panique, Loredana et moi devions nous occuper des préparatifs de notre mariage. Ma future femme avait du mal à comprendre pourquoi je me promenais à travers la maison avec une traîne de plusieurs mètres de fax derrière moi...

Lors d'une réunion à Milan, vers la mi-septembre, j'ai été informé que la compagnie suédoise allait me coûter de 5 à 6 millions de couronnes. À vrai dire il était difficile de passer à côté de cette information, puisque Smedman l'avait communiquée à l'agence de presse suédoise et qu'elle avait paru dans tous les journaux.

Mais personne ne savait encore quel serait le coût global. Le premier chiffre avancé pour la liquidation de l'ensemble des opérations était de 5 à 6 millions de dollars. Peter Smedman ainsi que mes conseillers et quelques autres m'avaient laissé entendre que cela serait largement suffisant. Une déclaration capitale à mes yeux, car cette somme représentait ce que j'étais effectivement en mesure de payer. C'était tout l'argent liquide dont je disposais, en dehors de mes propriétés et de quelques autres investissements qui ne pouvaient être libérés qu'à longue échéance. J'ai pressé Sjöblom et

Smedman d'établir le montant exact des dettes, afin de sortir de cette incertitude angoissante.

Mais Smedman a vite oublié que je ne pouvais payer que cette première évaluation, et pas un centime de plus. Si les dettes venaient à dépasser les 5 millions de dollars, soit environ 36 millions de couronnes*, je ne pouvais plus garantir le remboursement, et ce pour une raison évidente : je n'étais pas assez riche.

36 millions de couronnes... C'était une somme colossale mais qui, une fois payée, m'aurait délivré de la totalité des dettes et engagements des multiples filiales du groupe. Sans oublier que je devais aussi honorer les dettes privées de Skarke et les garanties que j'avais contractées pour lui.

Aux États-Unis, Schoenberg réclamait de l'argent à cor et à cri. Il était au bout du rouleau. Ses luxueux bureaux pesaient lourdement sur ses charges. Un autre secteur qui continuait de nous coûter des sommes énormes était la masse salariale du groupe.

Pendant tout l'automne, je me suis battu pour sauver les derniers lambeaux de ma compagnie.

Heureusement, j'avais des satisfactions qui compensaient ces épreuves : je venais en effet d'épouser la nouvelle femme de ma vie.

* 27 millions de francs 1993.

Pendant ce temps, Smedman continuait son travail. Fin septembre il a annoncé que tout se déroulait comme prévu initialement, et que j'avais même une possibilité de récupérer les 6 ou 7 millions de couronnes nécessaires pour régler les dettes de la compagnie suédoise. Afin de faciliter les remboursements, l'argent serait traité comme un emprunt. Smedman a ensuite essayé de me persuader d'assumer le poste d'administrateur. Lors d'un dépôt de bilan, l'administrateur est chargé d'examiner la situation de la compagnie pour tenter de parvenir à un accord avec les créanciers et de veiller à leurs intérêts. Cela revenait à faire le tri des avoirs et des dettes de la société en difficulté. S'il y a une chose que Smedman n'a pas faite au cours de sa mission, qui a duré huit mois et m'a coûté 1,5 million de couronnes, c'est bien de tirer au clair la situation de *Design Group...*

Je suis donc allé à Jurishuset avec Henning Sjöström pour signer les documents qui faisaient de moi l'administrateur de ma compagnie. Dès octobre, Smedman m'avait envoyé les formulaires ainsi que la proposition d'une déclaration à la presse. Dans une lettre jointe, il m'expliquait que cette déclaration avait pour objet de calmer les créanciers.

À mon sens, le texte rédigé par Smedman ne correspondait pas à la réalité. Il y était notamment dit que je garantissais le paiement intégral. Au vu des conditions intiales, j'avais effectivement exprimé l'intention de rembourser tout le monde. Mais la vérité, c'est que je ne savais toujours pas combien je devrais payer et si j'en avais seulement les moyens. D'autre part, je n'étais pas d'accord avec Smedman sur le fait que tous les créanciers devaient être intégralement satisfaits. Un de mes conseillers, Tim Sice, m'avait recommandé de ne payer dans leur intégralité que les dettes dont j'étais personnellement responsable. En ce qui me concerne, j'attendais de savoir combien je devais exactement avant de donner une réponse définitive sur les remboursements. J'ai donc fait une contre-proposition à la déclaration de Smedman.

C'est alors que les manchettes des journaux m'ont à nouveau pris pour cible!

Skarke venait d'intenter une action en justice contre moi : il me réclamait 500 millions* de dommages et intérêts, une somme proprement extravagante. Comme à mon habitude, je n'ai pas répondu à la presse mais j'ai appelé Henning pour lui demander de s'occuper de ce procès aberrant. Henning m'a rassuré, mais je commençais à penser que je nageais en plein délire.

Quand nous avons reçu la citation à comparaî-tre, nous l'avons parcourue ensemble et en avons conclu que Skarke me poursuivait parce qu'il n'avait jamais reçu ses parts de la compagnie de Jersey. Il réclamait 500 millions de couronnes de dédommagement pour un groupe de sociétés dans lequel plus personne ne voulait investir un centime! Car les évaluations plutôt flatteuses de Price

* 375 millions de francs 1993!

Waterhouse et de Drexel-Burnham-Lambert étaient fondées sur le fait que le groupe maîtrisait son financement, ce qui était exactement le contraire de la réalité.

Skarke m'accusait de n'avoir pas réussi à obtenir de nouveaux crédits. Il me reprochait également d'avoir voté contre la proposition du groupe Mercurius. Enfin il prétendait que j'avais refusé de lui céder ses parts. Alors qu'il ne les avait même pas demandées! Il ne l'a fait que lorsque son avocat, Mats Mullern, a écrit à Andrew Green de Jersey pour affirmer que son client possédait 25 % de la compagnie, ce qui n'était pas le cas puisque Sjöblom ne s'était jamais occupé du problème du nouveau partage des actions, ce que Skarke ne pouvait pas ignorer.

Quel imbécile en effet voudrait posséder des actions dans une compagnie au bord de la faillite? Il vaut bien mieux retirer l'argent investi. Il était donc parfaitement logique que Skarke annule notre accord de partenariat et me réclame ensuite des dommages et intérêts pour ne pas avoir reçu ses parts.

Dans sa situation à comparaître, il m'accusait en outre de l'avoir licencié. Mais dans une lettre adressée à notre avocat, Andrew Green, il disait la vérité : à savoir qu'il était parti de son propre chef. Je dirais plutôt qu'il avait pris la fuite.

Avant d'intenter cette invraisemblable action en justice, Skarke a essayé de me joindre. Mats Mullern, son avocat, m'a envoyé une lettre dans laquelle il me proposait un marché.

Si je versais 6 millions de couronnes à Skarke,

tout serait réglé et nous nous quitterions bons amis, dans la paix et l'harmonie. D'autre part, Mats Mullern m'a fait une offre que j'ai trouvée un peu étrange, surtout venant d'un avocat. Si je payais la somme dite, Skarke serait disposé à comparaître comme témoin et à minimiser, voire à annuler la garantie de 12 millions de couronnes contractée auprès de la Gotabank. Mullern se faisait fort également de gommer les dettes fiscales de la compagnie.

Le monde à l'envers... car c'est Skarke qui me devait de l'argent, et encore aujourd'hui je n'ai pas perdu espoir d'obtenir gain de cause! Il me le doit puisque j'ai réglé 12 millions de couronnes, en son nom, pour les garanties bancaires. Même si je ne récupère pas un centime, je tiens à prouver que je suis dans mon bon droit. Je veux défendre mon nom, mais aussi les employés de la compagnie qui ont payé les pots cassés. Des gens honnêtes et droits qui travaillaient pour Skarke et qui ont découvert trop tard la vraie nature de son caractère.

Depuis la fermeture de la compagnie, j'ai été accusé de bien des crimes dont je ne suis pas coupable. J'affirme ici que Skarke, Sjöblom et Gullström portent l'entière responsabilité de ce qui s'est passé.

Quant aux 500 millions de couronnes réclamés, Skarke n'avait à mon sens qu'une raison d'intenter une telle action : il cherchait à salir ma réputation dans le monde entier. Il affirmait que j'avais tenté de me suicider et ajoutait hypocritement que lui, mon fidèle ami, avait pleuré en apprenant la nouvelle... ce qui entre parenthèses ne l'avait pas empêché de me réclamer des sommes faramineuses. De façon parfaitement ignoble, Skarke utilisait des informations dénaturées sur mon état de santé – « tendances suicidaires » – comme base de ces réclamations. C'est ce que disait la citation à comparaître :

Suite à cet incident et à l'extraordinaire écho qu'il a trouvé dans la presse mondiale, la stratégie de Skarke pour la création et le développement du concept commercial, ainsi que pour son financement, étaient réduits à néant. Le caractère sain du groupe n'était pas lui-même remis en cause, mais les doutes qui ont dès lors pesé sur la personne de Björn Borg et sur la validité de ses décisions commerciales ont gravement compromis les chances de succès de la compagnie. L'incident de Milan a eu pour conséquences un accroissement des coûts et un réajustement à la baisse des objectifs. Plusieurs partenaires se sont retirés et la tournée asiatique s'est transformée en un fiasco financier.

C'est ainsi que mon ancien associé déformait sans scrupule la vérité...

Mes créanciers commençaient à accentuer leur pression pour réclamer leur dû. Les principaux étaient Arapt Finans, auprès de qui Skarke avait emprunté 10 millions de couronnes sous ma signature, la Gotabank, chez qui j'avais garanti un emprunt de 12 millions, et enfin Radhuset pour une dette de 13 millions. Cela faisait donc déjà 35 millions de couronnes qu'il fallait payer immédiatement. Sans compter le reste...

Smedman ne semblait pas avancer d'un pouce dans la tâche qui lui avait été confiée, à savoir l'établissement d'un bilan global.

Gunnar Ström, qui était censé s'occuper de la vente des biens et marchandises achetés par la compagnie, n'a reçu aucun signe de vie d'Ackordscentral : aussi m'a-t-il écrit pour me demander d'activer les choses. Dans le procès que nous avons finalement intenté à Smedman pour son incompétence dans les négociations avec les créanciers, Gunnar Ström a déclaré qu'il n'avait pas reçu l'argent qu'il avait demandé à Ackordscentral. En effet, Smedman n'a pas communiqué à Ström que j'avais versé 6,5 millions de couronnes. Si Ström avait reçu cette somme, des pertes substantielles auraient pu être évitées.

Pendant ce temps, j'ai découvert que la branche américaine était dans une situation catastrophique, pire même que sa consœur européenne. J'ai notamment appris que cette dernière s'était portée garante pour notre filiale aux États-Unis d'un emprunt de 3,5 millions de dollars, soit 21 millions de couronnes.

À partir de là, j'ai perdu le fil de toutes nos dettes. Au vu de l'évolution des choses, il semblait inutile que je reste plus longtemps en Suède. Les journaux s'étendaient chaque jour sur les détails de cette Berezina commerciale, avec des termes qui suggéraient que j'avais commis une véritable escroquerie. La question qui revenait sans cesse à la une était la suivante : « Pourquoi Borg ne règle-t-il pas ses dettes? » À noter que personne ne s'inquiétait de savoir pourquoi Skarke ne payait pas, lui. Après tout, ne possédait-il pas 40 % de la compagnie suédoise et 25 % de la compagnie de Jersey? Pourtant, en dépit de ce déchaînement médiatique, je ne voulais pas quitter la Suède tant que l'affaire de la garde de Robin n'était pas réglée. Robin représente tout à mes yeux. En attendant la décision du tribunal à son sujet, je ne pouvais qu'encaisser les coups avec le sourire.

En octobre, plusieurs propositions émanant de Smedman ont laissé entendre qu'il voulait payer les créanciers ordinaires. Mais comme ni lui ni moi ne savions quel montant cela représentait, j'ai jugé préférable de refuser.

Smedman a alors insisté pour rencontrer mes conseillers, puisque je ne lui donnais pas les réponses qu'il espérait.

Pendant ce temps, j'étais tenu informé des déboires de la compagnie de Monaco, où Stig Sjöblom avait apparemment décidé de mettre en pratique le dicton : « On n'est jamais mieux servi que par soi-même. » Par l'intermédiaire de Johan Denekamp, qui malgré son licenciement se sentait toujours partie prenante dans cette affaire, j'ai appris en effet que le 3 août 1989 Stig Sjöblom avait signé le chèque n° 812709 d'une valeur de 250 000 couronnes suédoises et que, le 5 août, il s'était octroyé un transfert de 295 750 francs français.

Mais la situation était si tendue et confuse que je

n'avais pas le temps de me pencher sur ce « détail ». Je ne pouvais qu'attendre.

Saul Schoenberg m'a répété que pour continuer ses activités, la filiale américaine devait emprunter de l'argent. Selon lui, 300 000 dollars y suffisaient. Un peu plus tard, il a fallu doubler la mise. Skarke avait beau caractériser la branche américaine de « succès phénoménal », le fait est qu'elle a eu sans cesse besoin de nouveaux crédits au cours de l'année 1989. Au total, j'ai payé 1 million de dollars pendant l'automne 1989 dans le seul but de maintenir la compagnie à flot jusqu'à ce qu'on puisse y voir clair. Malheureusement, pour continuer, il aurait fallu plus d'argent et je n'en avais plus.

Début décembre, Peter Smedman m'a contacté. Il était toujours incapable de dresser un tableau précis de la situation, que ce soit pour les opérations suédoises ou étrangères. Personne n'aurait pu dire à quoi il occupait son temps. Il avait réussi à vendre quelques téléphones portables et à résilier quelques contrats de location. Mais cela ne suffisait pas à justifier ses honoraires. Surtout, il y avait certainement plus urgent à traiter...

Toujours en décembre, j'ai reçu un rapport signé Tim Sice, d'IMG, lequel attestait que j'avais déjà versé des sommes importantes pour assurer le fonctionnement continu du groupe.

En dépit du fait que Smedman n'avait toujours pas de vision claire de la situation, il n'en a pas moins conclu un accord avec les créanciers, accord aux termes duquel tous seraient intégralement remboursés. Smedman ne semblait même pas s'être familiarisé avec les rouages de la compagnie. Le bilan qu'il nous a adressé était truffé d'erreurs. Jusqu'aux données élémentaires sur le capital-actions qui étaient incorrectes... Smedman affirmait que les activités avaient débuté en 1989 : nouvelle erreur. Les incohérences étaient légion.

Rien de très étonnant à cela. La position financière présentée dans ce rapport était en fait celle qui avait été compilée avant le 31 juillet, soit avant la décision de fermer la compagnie. En dépit de son ignorance sur la situation financière exacte et sur les capacités de l'entreprise à rembourser ses créanciers, Smedman a soumis son rapport au tribunal. Même là, il a commis une erreur : le document n'ayant pas été paraphé par une personne ayant qualité pour le faire, il n'a pas été accepté par la cour.

Un nouveau rendez-vous a été pris avec Smedman, et à cette occasion je pensais recevoir enfin une information précise sur l'ampleur de mes dettes. Peu de temps auparavant, Smedman écrivait en effet à Henning : « La liquidation est pratiquement réglée. »

Au cours de notre entretien, je me suis rapidement rendu compte que Smedman n'avait toujours qu'une idée assez vague des sommes en jeu. L'expert que nous avions engagé parallèlement, Lars Wiberg, de la firme Lindeberg, avait déjà parcouru les livres de comptes de *Björn Borg Invest*. Mais il s'est passé quelque chose qui l'a empêché de mener à bien son expertise. Alors que Wiberg se trouvait dans les locaux d'Ackordscentral, l'expert de la firme SET – Anders Engström – a appelé Peter Smedman. Celui-ci l'a informé du fait que Lars Wiberg était en train d'examiner la comptabilité. Engström a réagi de façon plutôt brutale, interdisant carrément à Wiberg de toucher à ces livres. Il y a eu alors un échange de propos assez vif entre les deux experts, Wiberg exposant clairement les conséquences auxquelles s'exposaient Engström et Smedman en l'empêchant d'accomplir son travail. Mais devant ces complications, nous sommes convenus avec Wiberg qu'il devait en attendant se pencher sur la situation des autres compagnies du groupe.

Ce n'est que le 10 avril 1990 que Peter Smedman a fourni un compte rendu sur la situation de nos sociétés basées à Monaco. Il la décrivait comme chaotique. Un certain nombre de créances, par exemple, avaient été enregistrées à la fois par les compagnies suédoise et monégasque. D'autres en revanche n'apparaissaient nulle part, toujours selon Smedman. En revanche, il se déclarait incapable de se prononcer définitivement sans effectuer une nouvelle visite à Monte-Carlo...

Mi-janvier 1990, Wiberg a accompagné Smedman et sa secrétaire sur le Rocher, et ce dans l'espoir de clarifier enfin la situation. J'avais la désagréable impression que le temps nous était compté. Henning, de son côté, voyait que les choses n'avançaient pas comme il l'aurait fallu, puisque je restais dans le flou le plus complet sur mon sort.

Après trois jours d'enquête approfondie, Lars Wiberg commença à démêler l'écheveau. Les dettes s'élevaient apparemment à 60 millions de couronnes. À la fin février, il avait bouclé ses calculs : la liquidation allait me coûter au moins 100 millions de couronnes! Sans compter les garanties que j'avais signées pour Skarke... Il devenait inutile d'établir le montant exact puisqu'il était évident que je ne pourrais jamais m'acquitter d'une telle somme...

À mesure que progressait la mise en règlement judiciaire, il m'était de plus en plus difficile de trouver de l'argent. Cela s'expliquait évidemment par les paiements énormes que j'avais effectués durant la liquidation, comme l'avait établi l'enquête de Tim Sice. Ce rapport démontrait que de la fin juillet 1989 à la fin janvier 1990, j'avais déjà déboursé 6,7 millions de dollars, soit 40 millions de couronnes. Autant dire que je n'avais plus un sou en poche. Il me restait ma maison, mon appartement et quelques investissements d'une valeur d'environ 1 million de dollars, mais cet argent n'était pas disponible. Le plus grave, c'est que je conservais toutes mes dettes auprès de la Gotabank, d'Arapt Finans, de Radhuset et de plusieurs autres créanciers. Encore aujourd'hui, je ne sais pas comment ont été utilisés mes premiers versements...

C'est à cette époque que j'ai reçu la proposition d'un investisseur italien qui songeait à prendre en charge la liquidation. Je me refusais à croire que la situation était aussi dramatique. J'avais encore en tête les premiers chiffres avancés : 8 millions de couronnes de dettes pour la compagnie suédoise auxquels il fallait ajouter 22 millions pour le reste du groupe. Dorénavant, on parlait de 100 millions pour le groupe... Sans compter les branches américaine et asiatique. Et cela en sachant que j'avais déjà payé au moins 40 millions de couronnes. La liquidation totale reviendrait donc au minimum à 140 millions de couronnes. Quand Smedman a enfin réalisé que je ne pourrais pas payer, il a pris des initiatives dont j'ignorais tout. Il a ainsi contacté, sans rien m'en dire, un professeur de droit de l'université d'Uppsala pour savoir s'il y aurait moyen de me lier par le biais de la promesse que j'aurais faite lors de la réunion Smedman-Sice-Iannantuoni-Sjöblom du 2 août 1989. En réalité, ce jour-là je n'avais fait qu'exprimer par l'intermédiaire de mon avocat mon désir de payer toutes mes dettes.

Smedman lui-même n'était pas absolument affirmatif au sujet de cette garantie. En mars 1992, il a ainsi appelé Tim Sice, qui avait participé à la réunion, pour lui demander s'il pouvait la confirmer. Mais Tim Sice n'en avait aucun souvenir. Sur ces entrefaites, Smedman a reçu une réponse du professeur d'Uppsala, Torgny Hastad, dont les services m'ont d'ailleurs été facturés. Cette réponse s'est faite oralement, mais il était désormais établi que Smedman tenait à établir ma responsabilité devant un tribunal. Dans le cas contraire, les créanciers ne seraient pas en mesure de me poursuivre sur la base de cette prétendue promesse que j'avais faite le 2 août.

Le président d'Ackordscentral jouait décidément un jeu bien étrange pour quelqu'un qui était censé être mon mandataire et qui avait reçu la tâche de protéger mes intérêts. En fait, il me poignardait dans le dos.

À la fin du mois de janvier 1990, Smedman n'en savait pas beaucoup plus sur la situation financière. Néanmoins il a donné instruction à un employé d'Ackordscentral, Mats Emthen, de signer et faire enregistrer la nouvelle demande d'accord avec les créanciers. Aux termes de cet « accord » dont je n'avais pas été tenu informé, toutes mes dettes seraient intégralement remboursées.

Henning a aussitôt écrit à Smedman pour lui demander des explications. Le P-DG d'Ackordscentral s'est contenté de répondre que tout serait clarifié pour ma venue en Suède le 5 février.

Mais le 5 février, la sinistre comédie a continué. Alors qu'il avait promis un bilan sur les dettes de la compagnie, Smedman s'est réfugié derrière un écran de fumée, affirmant qu'il restait encore trop d'erreurs à rectifier. Son rôle devenait vraiment incompréhensible. Il s'était chargé de l'affaire en juillet 1989 et, en février de l'année suivante, il prétendait toujours ne pas connaître le montant de mes dettes!

Cette fois, Henning a adressé à Smedman un courrier lui demandant fermement de présenter ses conclusions.

Le 10 février, Smedman nous a soumis un curieux bilan selon lequel... *Design Group* disposait d'un surplus d'argent! En fait, au même moment, mes conseillers étaient en mesure de démontrer qu'un apport de 90 millions de couronnes, en plus des 40 millions que j'avais déjà versés, aurait été nécessaire pour combler notre déficit.

Cinq jours plus tard, j'ai reçu un nouveau bilan pour la liquidation de nos activités en Suède. À mon grand déplaisir, je ne savais toujours pas ce que coûterait la liquidation totale. J'estime qu'il est normal que l'ensemble des créanciers soient traités d'égale façon. Toute autre façon de procéder me paraîtrait injuste et immorale. En principe, il ne devrait pas y avoir de différence entre une société qui a vendu ses services à la compagnie monégasque ou à n'importe laquelle de nos filiales. Malheureusement, tout se passait comme si Smedman voulait privilégier les créanciers suédois, sous prétexte que la compagnie suédoise était la plus importante.

Cette démonstration n'était pas convaincante. À mes yeux, les deux sociétés les plus importantes étaient celles de Monaco et de Jersey. Si la première n'honorait pas ses engagements, il ne me restait plus qu'à plier bagage et à quitter la Principauté. Quant à la compagnie de Jersey, c'est elle qui détenait la plupart de mes marques déposées. La filiale suédoise ne représentait rien. Tout ce qui comptait encore à mes yeux, en Suède, c'était mon fils Robin et que son sort ne soit en aucune manière affecté par la possible faillite du groupe.

Avec le recul, je comprends mieux pourquoi il était dans l'intérêt de Smedman de ne pas me tenir informé des sommes que j'aurais à rembourser : je crois qu'il savait dès janvier que le montant des créances dépasserait de beaucoup toutes les prévisions.

Le 28 février 1990, une réunion s'est tenue à Londres. Smedman et mon avocat italien Iannantuoni devaient présenter le bilan de la situation financière, mais ils s'en sont révélés incapables. C'est alors que John Webber a déclaré que, selon les calculs d'IMG, les dettes de la seule compagnie de Monaco s'élevaient à 15 millions de dollars! Nous en sommes tous restés bouche bée.

– Comment Borg pourra-t-il payer une telle somme? a finalement demandé quelqu'un.

– Je n'en sais rien, a répondu Webber. Il n'y a plus d'argent dans les caisses.

Smedman ne pipait mot. Il avait travaillé pendant huit mois et reçu 1,5 million de couronnes en honoraires sans être capable de présenter la moindre conclusion valable.

Sa théorie selon laquelle je devais payer intégralement mes dettes était parfaitement grotesque. Aujourd'hui, je pense que Smedman aurait dû proposer aux créanciers le règlement normal en pareil cas, soit entre 25 et 50 % des dettes. Au lieu de cela, Smedman a voulu jouer les héros en proposant 100 %.

J'ai demandé à Henning d'écrire à Smedman pour lui expliquer que je ne pouvais plus m'en tenir à mon intention de garantir à tous le remboursement intégral.

Je me rendais compte également qu'en acceptant des conditions aussi drastiques, il aurait été pratiquement impossible de conserver quoi que ce soit du groupe en vue de poursuivre les activités.

Au lieu de faire savoir aux créanciers que je ne

pourrais pas les payer rubis sur l'ongle, Smedman a déclaré à la presse qu'il était déçu de mon attitude, que je l'avais laissé tomber – alors que c'était tout le contraire.

Mais j'ai toujours été têtu et je n'avais besoin que d'une nouvelle base pour me remettre en selle. Au printemps 1990, j'ai formé le projet de relancer mes activités en association avec mon vieil ami Alexander Racic, sous le nom de Björnlex. La nouvelle compagnie avait besoin d'un revenu qui viendrait principalement de la reprise de tous les contrats de l'ancien groupe.

Cette nouvelle volonté est née du fait que j'en avais assez de payer pour les erreurs de Skarke. Non seulement je devais me saigner aux quatre veines, mais en plus je faisais figure d'escroc dans la presse. Je me voyais accusé d'avoir fermé une compagnie « pleine de promesses » alors qu'en fait elle était moribonde, maintenue en vie par respiration artificielle.

Ma position devenait de plus en plus critique. Je me sentais dans la peau d'un criminel traqué. La meute des créanciers était lancée à mes trousses.

Arapt Finans a fini par perdre patience et m'a poursuivi en justice pour 12 millions de couronnes.

La situation était si éprouvante que j'ai ressenti le besoin de faire appel à un ami pour affronter mes problèmes personnels et financiers. C'est alors qu'Alexander Racic s'est offert de veiller sur mes intérêts. Au point où j'en étais, j'ai décidé de lui

J'ai une passion pour tout ce qui a trait à la mer : les bateaux, la baignade et bien sûr la pêche.

Vikingshill, la maison que j'ai achetée à Nacka au milieu des années quatre-vingt et qui a été ensuite vendue aux enchères.

En été 1992, j'ai retrouvé Arthur Ashe pour la première fois depuis plusieurs années. Il avait contracté le sida après une transfusion sanguine. J'ai toujours eu une grande estime pour Ashe, même si nous n'avons jamais été des amis intimes.

Au début des années 80, en compagnie de la princesse Grace de Monaco et du prince héritier Albert. Depuis mon installation à Monte-Carlo, j'ai souvent eu l'occasion de rencontrer la famille princière.

Le gala des stars dans le stade Scandinavium de Göteborg, avec Ingemar Stenmark, Stefan Persson, Wayne Gretsky, Sugar Ray, Vitas Gerulaitis, Pelé et Kevin Keagan.

Le président Bush et moi nous sommes rencontrés plusieurs fois et j'ai même joué au tennis avec lui. Lorsqu'il était encore vice-président, c'était un joueur fervent. Aujourd'hui, je crois qu'il s'intéresse davantage au golf.

Andy Williams essaie de me séparer de Mohamed Ali.

J'esquisse un pas de flamenco à Marbella lors de mon mariage avec Mariana. Nous nous sommes mariés à Bucarest en Roumanie en juillet 1980. Régine la reine de la nuit, avait organisé cette réception dans son club en Espagne. Ce fut une vraie fête !

Loredana Berté, la chanteuse italienne que j'ai rencontrée pour la première fois à New York. A cette époque, elle était fiancée au joueur Adriano Panatta. Notre mariage s'est malheureusement terminée par un divorce.

Miss Back-to-Nature

En 1991, la « pin-up Björn Borg » a été une campagne publicitaire très réussie.

Lars Skarke prétendait volontiers qu'il méritait le prix Nobel d'économie. En 1989, grâce à lui, la compagnie *Björn Borg Invest* a été placée en cessation de paiement...

La photo de lancement de mon parfum pour hommes, sur l'élaboration duquel j'ai personnellement travaillé.

Dans les années quatre-vingt, ambassadeur du tourisme suédois, j'ai participé à une campagne de promotion dont le thème était : « Découvrez la Suède. » Ce fut un vrai plaisir : la Suède reste ma patrie et je tiens à ce que Robin y soit élevé. Cette photo a été prise dans l'archipel de Fjäderholmarna, près de Stockholm, pour le lancement de la campagne. Jannike m'accompagnait, ainsi que Robin, âgé alors de deux ans.

Entre mes avocats Henning Sjöström et Lars Mattsson au tribunal d'instance de Nacka en août 1992.

De retour sur les courts de tennis au printemps 1992. Je n'aime pas le mot de *come-back* : je voulais simplement explorer mes limites avec les moyens dont je disposais.

Après l'entraînement avec Boris Becker, le grand joueur allemand, à Monte-Carlo au printemps 1992.

Juin 1992 : je viens d'annoncer à la presse et au monde
de l'édition mon intention d'écrire un livre.

donner tous pouvoirs pour défendre mes biens. Cela signifiait qu'Alexander Racic prenait le pas sur IMG. Quant à Luciano Iannantuoni, il restait mon avocat et je le chargeais de jeter un œil par-dessus l'épaule de Racic.

À la fin mars, les deux hommes ont entrepris de dresser le bilan de mes avoirs restants. Ceux-ci se sont avérés moins importants que prévu. Racic et Iannantuoni ont même menacé d'intenter une action en justice contre IMG pour réclamer l'argent qui avait disparu. International Management Group s'est empressé de vendre mes derniers biens, c'est-à-dire ces investissements qui étaient en principe indisponibles. Au total, cela faisait 1 million de dollars. Ce n'était même pas suffisant pour régler mes dettes personnelles. J'ai eu le sentiment que Racic et Iannantuoni étaient déçus de ne pas trouver davantage.

De son côté, Smedman a annoncé qu'il mettait un terme à son enquête sur la compagnie de Monaco. Je ne sais toujours pas ce qu'il avait fait. Ce que je sais, en revanche, c'est que je n'ai jamais obtenu d'informations précises de la part d'Ackordscentral sur ce qu'allait me coûter son plan de paiement des créanciers. La seule chose que j'ai reçue de Smedman, c'est une facture d'honoraires de 1,5 million de couronnes. Il a expliqué son désistement en prétendant qu'il ne pouvait continuer alors que je ne remplissais pas mes obligations. J'avais désormais la certitude qu'Ackordscentral n'avait pas pour objectif la défense de mes intérêts. Ce n'était peut-être pas sa fonction première, mais c'est ce que son président m'avait laissé croire lors de notre première rencontre. Tous ceux qui frappent à la porte d'Ackordscentral dans l'espoir de recevoir de l'aide dans leur mise en règlement judiciaire doivent savoir que cette firme représente les intérêts des créanciers et non ceux de la compagnie en difficulté.

C'est devenu plus évident encore lors d'une audience du tribunal de Stockholm au cours de laquelle les créanciers devaient voter pour ou contre l'accord présenté par Smedman. J'ai demandé à Henning Sjöström d'écrire pour empêcher l'entérinement de cet accord, la situation financière étant bien plus grave que celle annoncée lorsque j'avais exprimé mon intention de payer tout le monde. Cela n'empêcha pas Mats Emthen et Smedman de voter à l'encontre de mes vœux. Mats Emthen n'avait certainement rien à voir dans cette décision. S'il a voté en faveur de l'accord, c'est par stricte obéissance aux ordres de Peter Smedman.

Le président d'Ackordscentral avait préparé cette audience en rassemblant les procurations de tous les créanciers. Cela lui permettait de contrôler leur vote. Il en a fait usage pour approuver l'accord. C'était pour lui une étape logique puisque, aux dires du professeur d'Uppsala, les créanciers avaient la faculté de me poursuivre personnellement.

L'accord a donc été mis en exécution. Autrement dit je devais payer toutes les dettes de la compagnie suédoise, soit 8 millions de couronnes, ainsi qu'une masse d'arriérés d'impôts. Au total, cela donnait 23 millions pour la seule compagnie suédoise. Avec les 6,5 millions déjà versés, la liquidation de la compagnie suédoise me revenait donc à presque 30 millions de couronnes. Autre conséquence de cette décision : je devais également payer les dettes des compagnies de Monaco et de Jersey ainsi que de l'ensemble de nos filiales à travers le monde. Tous les créanciers devaient être traités de la même façon! Nul ne devait profiter des pertes de l'autre. Mais que faire quand on n'a pas d'argent?

Je me retrouvais donc noyé dans un océan de dettes – au moins 100 millions de couronnes. Tout cela parce que je m'étais toujours efforcé d'être honnête...

En dépit de la mise à exécution de l'accord, mes conseillers commerciaux n'avaient pas renoncé à trouver une solution au problème et continuaient de suggérer d'autres moyens de satisfaire les créanciers.

À la fin mars s'est réunie une cellule de crise pour décider de la suite des événements. Mes conseillers ont une fois de plus établi que les caisses étaient quasiment vides. Le peu qui restait suffisait à peine à couvrir mes dettes personnelles. Nous avons en outre découvert que la Gotabank avait reçu toutes nos marques déposées en garantie des prêts qu'elle nous avait accordés. Or ces marques déposées représentaient une valeur considérable, ne serait-ce que pour les frais qui avaient été engagés lors de leur enregistrement.

Un malheur n'arrive jamais seul. Ce fut au tour de Saul Schoenberg, P-DG de la filiale américaine, de me traîner à son tour devant les tribunaux.

S'il avait attendu la mi-avril avant d'intenter son action en justice contre moi, c'est probablement pour que je ne la prenne pas pour un mauvais poisson d'avril. Après toutes les plaintes en dommages et intérêts, après toutes les réclamations des créanciers, comment expliquer en effet cette nouvelle citation à comparaître, cette fois pour 44 millions de couronnes? Je ne savais pas de quoi Schoenberg m'accusait. Mes avocats Henning Sjöström et Lars G. Mattsson, de Jurishuset, se sont penchés sur l'affaire, et nous sommes parvenus à la conclusion que Saul Schoenberg frappait un coup d'épée dans l'eau en espérant que je céderais et paierais. Il prétendait simplement que je n'avais pas fourni assez de fonds à la compagnie, alors que j'avais versé plus d'un million de dollars pendant l'automne 1989.

Au total, les réclamations à mon encontre se chiffraient désormais à presque 700 millions de couronnes*! Une somme tout simplement phénoménale. Pour mieux la concevoir, on peut la convertir en voitures : cela permettrait d'acheter quelque 4600 Saab d'une valeur de 150 000 couronnes pièce...

Le stress a atteint son comble lorsque ma maison a été saisie fin avril 1990. La Gotabank et Radhuset tenaient à récupérer leur argent. Comme je n'en avais pas, ils ont fait saisir mes biens. Jusqu'à mon bateau *Dunderburken* qu'il a fallu vendre... Mon

---

* Soit la coquette somme de 525 millions de francs 1993...

appartement de Vegegatan a également été saisi. Pendant ce temps, les médias me ridiculisaient et se riaient de mes revers de fortune. Lorsque ma maison a été ouverte aux possibles acheteurs, elle s'est naturellement trouvée envahie par une foule de simples curieux.

Finalement, je n'étais pas mécontent de la vente de la maison. J'y avais habité avec Jannike, Robin y avait grandi. Après notre séparation, j'avais épousé Loredana et nous y avions également vécu. Mais l'attachement que j'éprouvais pour cette maison avait disparu. Ce n'était plus à mes yeux qu'une coquille vide. Il est possible aussi que ce désintérêt n'ait été pour moi qu'une façon de faire face aux événements. Imaginez-vous devant quitter votre maison comme un voleur sous les regards de la foule! Et essayer de deviner, en les croisant, ce que pensent les gens : « Voilà donc ce fameux Borg qui ne paie pas ses dettes... » J'avais renoncé à expliquer que je n'avais pas les moyens de payer. Qui aurait voulu me croire, alors que pendant des années les journaux avaient imprimé à tout va que je « pesais » un milliard?

Plus rien ne me retenait en Suède. J'ai donc demandé à Henning de s'occuper des formalités pour mon retour à Monaco. Le problème de la garde de Robin était résolu – j'avais obtenu gain de cause – et il ne me restait plus qu'à quitter mon pays.

LA FIN DE L'HISTOIRE

Au début du mois de juin 1990, mon avocat italien Luciano Iannantuoni était enfin parvenu à clarifier la situation. Une grande partie du travail avait dû être reprise à zéro, les comptes rendus de Smedman n'étant absolument pas fiables.

Dans une lettre adressée à ce dernier, mon avocat établissait que je n'avais aucune responsabilité quant aux dettes de la compagnie, la situation étant grandement due aux « erreurs de gestion » de Skarke. D'autre part, si l'on s'en tenait au code commercial suédois, les réclamations en dommages et intérêts à mon encontre n'avaient aucune base légale.

Au début de l'été, mes conseillers, au vu de cette situation nouvelle, ont présenté une proposition visant à indemniser – et non à rembourser intégralement – les créanciers.

Au terme d'une réunion à Milan, en juin, Smedman a rejeté cette proposition pour se livrer aussitôt à ses contorsions médiatiques : il a déclaré à la presse, entre autres mensonges, que j'avais refusé de faire face à mes engagements. Quand je pense qu'un an auparavant, presque jour pour jour, il m'avait expliqué sur le ton de l'intimité :

– Björn, ne vous inquiétez pas, je vais arranger tout cela...

C'est pourtant le même homme qui puisait 200 000 couronnes dans les fonds d'Ackordscentral pour alimenter l'action en justice des créanciers. Soutenus par Smedman, onze d'entre eux ont en effet été choisis pour me traîner devant les tribunaux. Cette façon de procéder était un fait sans précédent dans l'histoire d'Ackordscentral. C'était également la première fois que des créanciers se voyaient offrir un accord pour un remboursement à 100 %. Par ailleurs, Ackordscentral n'avait auparavant jamais prétendu avoir une promesse de remboursement sans en apporter la preuve écrite. En tout cas, interrogé devant le tribunal de Nacka, Smedman a été contraint d'admettre qu'à sa mémoire cela ne s'était jamais produit.

Le procès qui m'opposait à Schoenberg était pris en main par Iannantuoni et par un avocat américain du cabinet Whitman et Ransom. Au printemps, ils ont réussi à me mettre dans de beaux draps : je risquais une décision du tribunal me condamnant à payer la totalité des dommages réclamés, soit 44 millions de couronnes. En outre, cela signifiait pour moi que je n'aurais plus jamais le droit de jouer aux États-Unis.

J'ai donc demandé à Henning Sjöström et Lars G. Mattsson, de Jurishuset, de s'occuper de cette affaire de toute urgence. Après un bref contact avec Whitman et Ransom, ils ont compris qu'il valait mieux rompre toute relation avec ce cabinet. En effet, si je me trouvais dans ce pétrin, c'est uniquement parce que Whitman et Ross, auxquels il faut ajouter Iannantuoni, n'avaient pas produit un certain nombre de documents que Saul Schoenberg avait demandé à consulter. Ce faisant, nous nous exposions à une condamnation pour outrage à la cour. Les règles sont au fond les mêmes qu'au tennis : si on n'accepte pas la décision du juge, on se voit infliger une amende.

Mais dans mon cas, l'amende était plutôt salée. Lars G. Mattsson a immédiatement contacté l'éminente firme Nixon, Hardgrave, Devans et Doyle de New York. Mats Carlston, qui est devenu notre contact, a mis ses services sur les dents. Avec Lars G. Mattsson, ils ont remué ciel et terre pour mettre la main sur les documents requis par Schoenberg. En août, ils avaient réussi à lui envoyer plus de deux mille pages. Notre adversaire, qui espérait de toute évidence que nous serions incapables de satisfaire sa demande, cherchait en fait toutes sortes de motifs pouvant lui permettre de forcer la décision du tribunal en sa faveur. Aujourd'hui, nous sommes encore dans l'attente de la décision de la cour.

Pendant ce temps, en Suède, le tribunal recevait les réclamations des créanciers. C'est en fait Smedman qui assurait le spectacle : les créanciers ne semblaient pas se passionner outre mesure pour cette affaire, puisqu'ils ne se sont pas dérangés une seule fois.

Interrogé à la barre, Smedman s'est avéré incapable de fournir des réponses claires et précises. Il ne se souvenait même pas de la date la plus importante : le 18 octobre 1989. C'était le jour où il prétendait qu'en signant pour devenir administrateur, j'avais garanti que les créanciers seraient remboursés jusqu'au dernier centime. Au cours du contre-interrogatoire mené par mon avocat Lars G. Mattsson, Smedman a affirmé m'avoir tenu constamment informé de la situation. Mais curieusement, il n'a pas pu répondre aux questions portant sur la nature de cette situation.

À un moment, l'avocat d'Ackordscentral, Bertil Södermark, a cru nécessaire de protester, s'écriant que Mattsson influençait son client. Cela au moment où Smedman était interrogé sur des documents qu'il avait signés ou sur des réunions auxquelles il avait participé, et dont il ne se souvenait plus... Plusieurs fois, la cour a dû décréter une suspension de séance pour permettre au témoin de préparer ses réponses. L'avocat de Smedman était visiblement découragé par la performance plus que médiocre de son client. Après cet interrogatoire, un quotidien a estimé que Lars G. Mattsson avait fait preuve d'une habileté judiciaire remarquable. Smedman était resté sans voix. Malheureusement je n'avais pas pu assister à la scène, mais j'ai écouté les enregistrements sur cassette.

LA FIN DE L'HISTOIRE

IMG a calculé que l'affaire du *Björn Borg Design Group* a déjà englouti environ 80 millions de couronnes. Une somme que je suis incapable de payer. Je ne peux même pas en régler la moitié. Si je devais satisfaire les créanciers de toutes les filiales, je devrais débourser 187 millions de couronnes*!

Aujourd'hui j'ai décidé de continuer mes affaires, mais avec une nouvelle philosophie, de nouveaux conseillers, et à l'abri – je l'espère – de tous ces démêlés juridiques.

Je sais par expérience que les procès sont comme des parties de tennis. Il ne faut pas espérer gagner tous les sets. Mais je n'ai jamais abandonné un match en cours de jeu, et ce n'est pas aujourd'hui que je vais commencer. Le plaisir que j'éprouve à gagner est intact, surtout quand je suis dans mon droit.

---

* 140 millions de francs 1993.

ET LES FEMMES...

Je devais avoir treize ou quatorze ans lorsque j'ai couché avec une fille pour la première fois. Je doute qu'on puisse vraiment appeler cela « faire l'amour ». Disons simplement que j'ai pour la première fois accompli l'acte sexuel... Pendant mes années de compétition, le sexe était une de mes préoccupations principales, comme c'est le cas j'imagine pour tous les garçons de mon âge. Mais ma profession de tennisman professionnel m'a imposé très tôt une discipline de fer.

Qu'on ne m'imagine pas pour autant dans la peau d'un ascète, car j'ai toujours fait en sorte de concilier mon travail avec les plaisirs de la vie. Mais deux ou trois soirs avant de jouer un match important, je devais m'abstenir de toute dépense « inutile » d'énergie. Les athlètes de haut niveau ont besoin de rester en parfaite condition physique. D'une certaine façon, un match de tennis est comparable à une expérience sexuelle : dans un cas comme dans l'autre, il faut faire attention à ne pas se vider de ses forces avant de livrer bataille...

D'autres sportifs ont peut-être adopté une

méthode différente. C'est en tout cas la règle que je m'étais fixée.

Lorsque j'étais en tournée, il arrivait qu'une fille vienne frapper à ma chambre d'hôtel la veille d'un match. J'étais obligé de lui refuser l'entrée de ma chambre, parfois avec regret... Par la suite, le problème s'est posé différemment puisque je voyageais en compagnie de ma femme : mais elle a compris que nous devions nous abstenir avant un match. Le résultat du lendemain pouvait en dépendre...

Qu'on ne s'y trompe pas : le sexe a toujours été important à mes yeux. Simplement, à ce stade de ma carrière et de mes ambitions, j'avais décidé de privilégier le tennis. Avant de jouer, j'étais donc pratiquement forcé de m'isoler. Je ne sortais pas, je ne buvais pas d'alcool et je m'abstenais de tout rapport sexuel.

Lorsqu'on veut réussir, il faut se donner à 100 %. Se limiter à 95 %, c'est tronquer son potentiel, et donc peut-être déjà se priver de la victoire. En ce qui me concerne, j'avais résolu de me donner à fond.

Mais lorsque je suis soumis à de fortes pressions psychologiques, quand les journalistes tournent autour de moi comme des rats affamés ou que quelque chose me tracasse, je m'enferme dans ma chambre avec ma femme. L'amour est à mes yeux une forme de méditation. Mes problèmes s'évanouissent comme par enchantement, et je suis toujours d'humeur bien plus détendue après l'amour.

Helena Anliot a été la première aventure sentimentale qui ait véritablement compté dans ma vie. C'était une joueuse de tennis. Nous sommes longtemps sortis ensemble, tour à tour amants ou simples amis. En 1975, pourtant, j'étais véritablement amoureux d'elle. Je jouais un tournoi à Rotterdam et j'étais parvenu en demi-finale contre Tom Ocker. Le vendredi, en finale, j'ai pratiquement fait exprès de perdre dans le but de retourner plus vite chez Helena, à Svärdsjö, pour le week-end. Le match lâché, j'ai sauté dans le premier avion pour la Suède et j'ai atterri tard dans la soirée. Mes parents qui étaient venus m'accueillir m'ont dit que c'était de la folie de vouloir aller jusqu'à Svärdsjö pour seulement deux jours. D'autant qu'il faisait nuit noire et que les routes étaient verglacées. Mais je me suis entêté, comme d'habitude, et j'ai pris le volant...

Je ne me souviens plus exactement de ce qui s'est passé ensuite. Je conduisais sans doute trop vite. C'était en plein hiver et la route était affreusement glissante. Je me rappelle qu'à la sortie d'un bois, il y avait un vaste champ couvert de neige. Dans le virage, la voiture a continué tout droit. J'ai perdu le contrôle du véhicule qui a alors effectué plusieurs tonneaux avant de s'immobiliser les quatre roues en l'air au milieu du champ. J'avais perdu connaissance.

À mon réveil, je me suis retrouvé suspendu la tête à l'envers. J'étais assis là comme si de rien n'était alors que la voiture était en accordéon. Si je n'avais pas eu la bonne idée de boucler ma ceinture de sécurité ce soir-là, je crois que j'y serais resté. Tant bien que mal, je me suis extirpé de la voiture par une fenêtre. La première chose que j'ai faite, c'est de sortir mon sac du coffre. J'étais encore à moitié hagard.

Je me trouvais perdu dans un champ au beau milieu de la nuit. Aucun phare de voiture à l'horizon. J'ai marché pendant un bon kilomètre jusqu'à ce que j'aperçoive enfin une ferme. Je suis allé frapper à la porte. Le paysan et sa femme m'ont immédiatement reconnu. Ma présence en ces lieux et à cette heure n'ont pas eu l'air de les surprendre outre mesure puisqu'ils m'ont fait entrer sans sourciller et qu'ils m'ont demandé des nouvelles de mon tennis! Cette conversation aurait pu être très plaisante mais je leur ai bientôt demandé d'appeler la police et une ambulance : ma main droite me faisait souffrir. Un quart d'heure plus tard j'ai donc été conduit à l'hôpital, mais je n'y suis pas resté longtemps puisque, fidèle à mon objectif premier, je me suis empressé d'aller retrouver Helena.

Trois jours plus tard, à Munich, je perdais en finale contre Arthur Ashe...

Je me suis marié trois fois. Je dis trois fois car bien que n'ayant pas été légalement uni à Jannike, j'ai toujours considéré que nous formions un couple légitime. Vivre ensemble n'équivaut-il pas à être marié? On m'objectera sans doute qu'il y a une différence psychologique et que l'engagement n'est sans doute pas aussi fort dans le concubinage. Quoi qu'il en soit, j'ai vécu maritalement avec trois femmes et je crois qu'il serait particulièrement inélégant de ma part de jouer au jeu des comparaisons. Ce que je peux dire, en revanche, c'est que si l'on considère la séparation comme un échec, alors je n'ai pas eu beaucoup de réussite dans ma vie sentimentale...

À la suite de ces échecs, je suis parvenu à la conclusion qu'il est nécessaire que les deux partenaires possèdent des centres d'intérêt communs. Des activités qu'ils aiment à pratiquer ensemble. Dans le cas contraire, le couple s'expose tôt ou tard à des problèmes. Ainsi, Jannike sortait très fréquemment avec ses amis et ses absences ont fini par créer des tensions entre nous. Ce qui ne signifie pas pour autant qu'il faille passer vingt-quatre heures sur vingt-quatre à se regarder dans le blanc des yeux...

C'est grâce au tennis que j'ai rencontré Mariana en 1976. C'était une bonne joueuse de nationalité roumaine. Nous avons véritablement fait connaissance cette année-là à Roland-Garros mais nous nous étions croisés à l'occasion de plusieurs tournois et je m'étais déjà intéressé à elle. À dire vrai, cela avait été un coup de foudre en ce qui me concerne. Mariana était une jeune femme dont le sourire et les gestes dénotaient une immense douceur.

1976 a été une excellente année pour moi. Juste après ma rencontre avec Mariana à Paris, je devais partir pour l'Angleterre. J'étais un peu fatigué, ayant disputé énormément de matchs au cours des derniers mois, et Lennart m'a suggéré d'aller en Angleterre en voiture, sans nous presser. C'est ce que nous avons fait : voyageant en touristes, nous en avons profité pour nous détendre.

Mais une fois en Angleterre, j'ai dû travailler comme un forçat pour m'accoutumer à l'herbe. Ma défaite dans les premiers tours du tournoi de Roland-Garros me laissait du temps pour me préparer. Lennart m'entraînait jusqu'à douze heures par jour, je n'avais jamais connu une telle cadence. Mais ces efforts ont été largement récompensés. Cette année-là, j'ai considérablement amélioré mon service, ce qui m'a permis de remporter pour la première fois le trophée de Wimbledon. Oui, décidément, 1976 a été une excellente année pour moi!

Mariana et moi jouions souvent au tennis ensemble. Nous résidions à Monte-Carlo, mais nous passions le plus clair de l'année à voyager, en compagnie du fidèle Lennart. La vie nous souriait, nous nous connaissions très bien tous les trois et, en voyage, nous formions une petite famille. Nous étions inséparables.

Pour notre mariage, en 1980, nous avons donné deux réceptions. La première à Monte-Carlo et la seconde à Marbella, organisée par une vieille amie, Régine, qui possède une boîte de nuit à Paris. C'était magnifique. Après la réception, Régine a donné une fête chez elle en notre honneur.

En apprenant mon mariage, toute la presse a annoncé que c'était la fin de ma carrière sportive.

Mais contre toute attente, cela ne m'a pas empêché de continuer à jouer. Mariana et moi avions déjà l'habitude d'enfreindre les normes...

Nous nous entendions à merveille. Mariana s'efforçait d'interpréter mes silences, ce qu'elle savait très bien faire. Elle disait que les hommes silencieux ont besoin de beaucoup de sommeil car ils évacuent ainsi ce que les hommes extravertis expulsent par de courts accès de colère.

Un jour, en 1977, je venais de disputer une sorte de compétition par équipe où je jouais pour les Cleveland Nets. Le match fini, Mariana et moi n'avions qu'un désir : rentrer chez nous. Nous roulions trop vite et nous avons été arrêtés par la police. Dans le but sans doute de donner à notre amende le caractère d'une véritable punition, les policiers nous ont obligés à faire demi-tour pour aller la payer au poste de la ville voisine, qui était déjà à une bonne distance.

Nous nous sommes exécutés. En chemin, j'ai demandé à Mariana comment son compatriote Ilie Nastase, bien connu pour son exubérance, aurait réagi en pareille situation. Elle m'a répondu qu'il n'aurait jamais accepté de faire demi-tour. Il se serait empressé de demander aux policiers s'ils avaient des enfants, il aurait sorti des raquettes, griffonné sa signature sur le manche avant de les offrir aux policiers en leur disant qu'il avait l'intention de continuer sa route parce qu'il était trop fatigué pour rebrousser chemin. C'était sans doute vrai. Mais ce n'était pas dans mon caractère.

Un jour, nous volions à destination des États-Unis où je devais jouer un tournoi. Nous étions quelque part entre Copenhague et New York quand Mariana et moi nous sommes dit que nous n'avions jamais fait l'amour à bord d'un avion. C'était un vol régulier, raisonnablement plein, mais nos sièges étaient un peu en retrait, à l'abri des regards. Nous avons pu réaliser notre fantasme. C'était merveilleux et excitant.

– Vous avez fini sur l'aile? m'a demandé mon père en riant quand je le lui ai raconté l'épisode.

Lorsque j'ai décidé d'arrêter le tennis, Mariana a été la première informée. Elle a été surprise mais elle m'a donné raison et m'a apporté tout son soutien.

En 1983, nous nous sommes séparés en bons termes. Un divorce n'est jamais une péripétie souhaitable mais il devient inéluctable lorsque les sentiments amoureux ne sont plus réciproques. Il n'y a eu ni disputes ni scènes de ménage entre nous : nous avons simplement décidé de prendre des chemins différents. Nous sommes restés en excellents termes et je suis reconnaissant à Mariana de ne jamais s'être « confiée » aux journalistes. Aujourd'hui nous ne nous voyons que rarement, mais nous avons beaucoup de respect l'un pour l'autre. Je garde un souvenir très positif de notre relation.

J'étais déjà séparé de Mariana lorsque j'ai rencontré Jannike à l'occasion d'un concours de beauté à Stockholm. Je figurais parmi le jury et je n'ai pas trouvé que Jannike était la plus belle des candidates... mais elle était certainement la plus séduisante. Elle m'a expliqué par la suite que le patron du restaurant dans lequel elle travaillait l'avait convaincue de participer à ce concours de beauté en dépit de ses propres réticences.

Avant d'entrer en scène, elle savait que je faisais partie du jury. Mais elle ne s'intéressait pas spécialement au tennis et, si elle était nerveuse, c'est avant tout parce qu'elle craignait que ses amis présents dans la salle n'éclatent de rire. Jeune et jolie, elle avait à peine dix-sept ans et tout à découvrir de la vie. Bien sûr, j'ai voté pour elle. Cela n'a pas suffi à lui faire remporter le concours mais un an plus tard j'ai pu lui être présenté par l'intermédiaire de quelques amis. Nous lui avons proposé de nous accompagner en boîte de nuit. Elle a commencé par refuser mais, sur mon insistance, elle s'est laissé convaincre. Déjà sous le charme, j'étais aussi enthousiaste que prévenant, ce qui a certainement joué à mon avantage.

Une semaine plus tard, nous sommes allés avec un groupe d'amis pour une mini-croisière à bord du *Lady of Stockholm*. C'était l'été, nous buvions du vin blanc glacé. L'atmosphère était vraiment délicieuse. Je faisais la cour à Jannike et je sentais aux regards échangés que je ne lui étais pas indifférent. Dans la salle à manger, nous nous sommes naturellement assis côte à côte. Nous n'avons pas beaucoup parlé mais nous écrivions de petits messages. C'était très amusant. J'avais envie de lui parler, mais le système des billets fonctionnait à merveille. Jusqu'au moment où quelqu'un a voulu les intercepter et les lire. Selon Jannike, une autre fille du groupe s'intéressait à moi.

Le lendemain de cette équipée en bateau, je devais m'envoler pour l'Allemagne afin de disputer un tournoi. J'ai demandé à Jannike de m'accompagner mais elle a repoussé mon offre. À mon retour, je l'ai appelée et nous avons commencé à nous voir de plus en plus souvent. Je me suis finalement installé dans le petit appartement que Jannike partageait avec sa sœur Suzette au 18, Blekingegaten. Quelques semaines plus tard, j'ai invité Jannike aux États-Unis. Cette fois, elle a accepté. Le 22 août, alors que nous nous trouvions à Hawaii – Mark McCormack a annoncé à la presse que j'allais divorcer de Mariana après quatre ans de mariage.

À la fin du mois d'août, Jannike et moi sommes rentrés en Suède. La pauvre était devenue malgré elle la proie des photographes. La presse avait globalement pris le parti de Mariana et cette tendance s'est encore accentuée lorsque le magazine *Expressen* a publié cette nouvelle qu'un journaliste avait obtenue auprès d'une employée de la compagnie SAS à Los Angeles : Jannike était enceinte.

Un an plus tard, nous avons emménagé dans un appartement sur Vegatatan à Stockholm. Peu après, nous avons commencé à chercher une maison et nous avons trouvé Vikingshill, dans la banlieue de Stockholm. J'étais amoureux et j'avais décidé de passer plus de temps en Suède. Après de nombreuses années à l'étranger, j'avais un peu la nostalgie du pays. Inconsciemment, j'avais le pressentiment qu'il me faudrait payer cher cette décision. Mais j'étais prêt à l'accepter. Comme il n'y avait aucun obstacle légal à mon rapatriement, je me suis donc installé à Vikingshill en 1984-1985. La presse a fait ses choux gras de cet « événement » et cette agitation médiatique était difficile à supporter pour Jannike. Il courait notamment beaucoup de rumeurs sur ma fortune personnelle, qui était estimée à un milliard de couronnes. Jannike était complètement déboussolée.

Elle s'est alors mise à sortir de plus en plus fréquemment avec ses amis. Il n'y a bien sûr rien de mal à cela. Je n'avais pas beaucoup d'amis à Stockholm et, au fil du temps, les amis de Jannike sont aussi devenus les miens. Un soir, pourtant, elle était avec des amis au club *Daily News* et je voulais qu'elle regagne la maison. Je suis allé la chercher et je lui ai demandé de rentrer.

– Non, m'a-t-elle répondu, je reste ici.

Il y avait beaucoup de gens autour de nous, plusieurs nous regardaient ou écoutaient notre conversation. Plutôt que de provoquer une situation embarrassante, j'ai laissé là Jannike.

Je crevais de jalousie, bien sûr. L'amour appelle nécessairement la jalousie. Je ne comprends pas les gens qui disent ne pas connaître ce sentiment. Être jaloux, n'est-ce pas être attentif à ces petits signes qui vous disent que les pensées de l'être aimé vont vers une autre personne?

Jannike était d'ailleurs tout aussi jalouse à mon

endroit. Résultat, nous nous disputions sans arrêt...

Lorsque mon associé Lars Skarke a fait irruption dans ma vie, il a délibérément jeté de l'huile sur le feu. Il s'est mêlé de nos affaires sentimentales, il a voulu en tirer les ficelles. Au fond, il avait fait sienne la tactique bien connue : « Diviser pour mieux régner. » Il allait raconter à l'un et à l'autre des mensonges grossiers qui n'en excitaient pas moins notre jalousie. Jannike le détestait. Il faut dire qu'il lui menait la vie dure.

Toute la publicité qui entourait nos moindres faits et gestes était une épreuve difficile pour Jannike. Il suffisait que je salue une fille dans une réception pour que la presse internationale voit en elle le « nouvel amour de Borg ». Certaines filles ont également exploité à leur profit, à moins qu'on s'en soit chargé pour elles, une vague relation ou une brève rencontre avec moi – en tout bien tout honneur.

Par exemple, pendant le printemps 1982, la presse a fait ses gorges chaudes de ma « liaison » avec Miss Laponie. En fait de liaison, j'ai rencontré cette jeune femme sur un vol Milan-Stockholm. Nous avons bavardé pendant le trajet. C'était une fille charmante. Nous sommes descendus de l'avion ensemble, puis je lui ai dit au revoir avant d'aller rejoindre mon père qui était venu m'accueillir. C'est tout ce qui s'est passé entre nous. Mais pendant des semaines, la presse a prétendu à longueur de pages que Miss Laponie était la « nouvelle fiancée de Björn Borg ».

Ce genre d'inepties « qui ne pensent pas à mal »

a malheureusement contribué à pourrir ma relation avec Jannike.

En 1985, pourtant, la naissance de notre fils Robin nous a rendus fous de bonheur. C'était une expérience entièrement nouvelle pour moi. J'ai découvert ce qu'étaient vraiment les « obligations parentales ». Quand on a des enfants, il y a un certain nombre de choses sur lesquelles il faut faire une croix. Jannike et moi avons consacré beaucoup de temps à notre fils, nous l'emmenions le plus souvent possible au bord de la mer. S'il nous arrivait de sortir le soir, nous confiions Robin à mes parents ou bien à la mère de Jannike. En entrant dans notre maison, cet enfant nous avait apporté un sens des responsabilités. J'avais bien sûr connu des responsabilités dans ma carrière sportive et j'en avais plus encore dans mes affaires, mais c'était entièrement différent.

J'ai fait de mon mieux pour m'occuper de Robin depuis le jour de sa naissance. Je me souviens que, lors d'un séjour à Tokyo, Jannike et moi nous levions au beau milieu de la nuit pour jouer avec lui afin qu'il ne soit pas trop perturbé par le décalage horaire. Il a pratiquement fait deux fois le tour du monde avec nous, supportant avec une incroyable patience les va-et-vient incessants, les attentes dans les aéroports, les changements d'avion et d'hôtel.

Je crois que Jannike et moi nous sommes équitablement partagé le travail. À mon sens, la présence des deux parents est en effet extrêmement importante pour le développement de l'enfant.

Je l'ai dit, Jannike aimait beaucoup sortir. De mon côté, cela m'intéressait de moins en moins. Mais nous partagions d'autres intérêts, notamment une passion pour la musique moderne. Nous aimions également beaucoup skier ensemble, et Robin a appris avec nous. Tous les trois, nous avons passé des années merveilleuses.

C'est en été 1987 que Jannike et moi nous sommes séparés pour la première fois.

Nous avions conclu un arrangement spécial pour la garde de l'enfant. Au bout de trois semaines, nous nous sommes retrouvés et nous avons essayé de sauver notre union. En vain. C'est donc Henning Sjöström qui s'est chargé des dispositions concernant notre séparation. Tout se passait au mieux jusqu'au jour où Jannike a eu la naïveté de contacter les journalistes. À cette époque, nous avions la garde conjointe de Robin. Mais Jannike a intenté un procès pour réclamer la garde exclusive dans le but inavoué d'obtenir de moi une pension plus élevée.

J'ai répliqué en demandant à mon tour la garde de Robin. La bataille était ouverte. Je m'y suis engagé à contrecœur car je crois sincèrement qu'un enfant doit grandir entouré de ses deux parents et je continuais d'espérer une réconciliation. Jannike était jeune et sans expérience : aujourd'hui, je lui ai pardonné. C'est une mère merveilleuse. Nous avons finalement décidé que Robin devait vivre avec elle mais que nous en aurions la garde conjointe. Nous prenons ensemble toutes les décisions concernant son avenir et je le vois chaque fois que je suis en Suède. Sa mère et moi pensons que c'est la meilleure solution. Robin doit mener une vie aussi « normale » que possible et surtout ne pas subir les conséquences néfastes de circonstances extérieures. Jannike et moi avons décidé qu'il devait recevoir une solide éducation. Bien sûr je serais ravi s'il se prenait de passion pour le sport, mais seulement si c'est un choix personnel. Alors je le soutiendrais à cent pour cent. De toute façon, quelle que soit la voie dans laquelle il s'engage, il peut compter sur mon aide inconditionnelle.

Après ma séparation avec Jannike, j'ai résolu de quitter à nouveau la Suède, où je me sentais constamment traqué par la presse. Je m'y étais réinstallé en 1983-1984 après avoir rencontré Jannike mais, en 1991, j'en ai eu assez. Je ne pouvais plus vivre dans mon pays. J'y étouffais. Chaque fois que j'étais mentionné dans la presse, c'était toujours en termes négatifs, surtout après mes déboires financiers. En affaires chacun sait qu'il y a toujours des hauts et des bas, mais les médias s'acharnaient à me faire porter le chapeau du fiasco du *Design Group*.

Je me considère d'ordinaire comme une personne plutôt disponible et ouverte, et non comme une vedette capricieuse; mais le fait est que les journalistes m'ont harcelé avec une constance qui a fini par devenir irritante.

C'est lors d'un séjour à New York avec Mariana en 1979 que j'ai rencontré pour la première fois Loredana. Elle m'a tout de suite plu, mais bien sûr nos relations en sont restées là.

Quelques années plus tard, en 1987 ou 1988, je me trouvais au bord de la mer en Italie avec un groupe d'amis. J'avais mis un terme à ma relation avec Jannike et, pour la première fois depuis longtemps, j'étais absolument seul pour les vacances. Je ne tenais d'ailleurs pas particulièrement à plonger dans une nouvelle liaison. Mes expériences avec Mariana et Jannike avaient échoué et je pensais qu'il était préférable que je reste célibataire quelque temps. Toutefois, en apprenant que mes amis connaissaient Loredana, je leur ai demandé de l'appeler.

Elle était chez elle, libre de tout spectacle ou répétition. Sa célébrité était intacte en Italie, de même que son talent. Nous nous sommes rencontrés à Milan et, une semaine plus tard, nous sommes allés à Ibiza. J'étais très attiré par elle, et dix jours après ces vacances communes, je l'ai invitée à Stockholm. Elle n'était jamais allée en Suède et elle a accepté avec enthousiasme.

Loredana est issue d'un milieu plutôt modeste. Son père a disparu avec armes et bagages alors qu'elle avait sept ans. Aujourd'hui encore, elle n'a aucune idée de ce qu'il est devenu. Elle a donc grandi avec sa mère et ses trois sœurs. La vie n'était pas toujours rose. À l'âge de douze ans, elle a fait ses débuts comme danseuse à la télévision italienne. Puis elle a participé à diverses grosses productions et travaillé avec plusieurs célèbres photographes italiens et américains. Tout cela tandis qu'elle suivait encore des cours. L'école qu'elle fréquentait accordait une grande part aux activités artistiques et Loredana a pu y perfectionner sa technique de la danse. À la fin de sa scolarité, elle a décidé de se consacrer uniquement à sa carrière. Dès 1968, elle vivait de son art.

Durant cette période, elle s'est également intéressée au théâtre, et tout particulièrement d'avant-garde. C'était un domaine qui lui plaisait et qui lui convenait parfaitement. Elle a ainsi travaillé avec différentes troupes pendant une dizaine d'années. En 1975, elle a enregistré son premier album de chansons. Depuis, elle sort régulièrement de nouveaux disques. Travailleuse acharnée, elle a conquis un large public qui lui reste fidèle.

Jusqu'à notre rencontre, sa carrière était ce qui comptait le plus à ses yeux. Mais à mesure que nous apprenions à nous connaître, Loredana s'est demandé si le moment n'était pas venu de penser davantage à elle-même. Elle avait le sentiment que le temps filait entre ses doigts, et elle ne voulait pas courir le risque de n'avoir rien fait d'autre dans sa vie que des disques. Elle était animée par la conviction que les femmes ont un rôle particulier à jouer, celui de mettre au monde des enfants et de fonder un foyer.

Lorsque nous nous sommes rencontrés pour la première fois à New York, en 1979, elle était fiancée au joueur de tennis Adriano Panatta. Lui-même était divorcé. Plus tard, Loredana et moi nous sommes croisés à plusieurs reprises dans des endroits divers, toujours par hasard. Notre liaison a véritablement commencé le jour où j'ai appelé Loredana, même si je n'avais aucune arrière-pensée à ce moment-là. Je crois que lors de cette première rencontre, nous étions tous deux à mille lieues de penser qu'un jour nous essaierions d'avoir un enfant.

Loredana est une femme terriblement exigeante, dotée d'un caractère tout feu tout flamme et d'une énergie débordante.

Je suis moi-même très passionné, même si je l'exprime à ma manière. J'aime le mouvement, je recherche les émotions intenses, et Loredana était pour moi la partenaire idéale.

Nous nous sommes mariés en Italie en 1989. Nous voulions une cérémonie haute en couleur. Mon premier mariage avait été très conventionnel. Cette fois, je voulais porter ma couleur préférée, le rouge. À la mairie, Robin et moi étions en bleu, une autre couleur que j'affectionne, et plus tard, à l'église, nous arborions tous les deux un costume rouge qu'un couturier avait spécialement créé pour moi.

J'ai toujours aimé les vêtements et les couleurs même si, la plupart du temps, je me contente d'un jean et d'un tee-shirt. Je supporte aussi bien le froid que la chaleur – on se souvient peut-être que je suis capable de jouer au tennis sous une chaleur écrasante. Lors d'occasions formelles, j'aime parfois m'habiller, porter le smoking ou une queue-de-pie, mais je n'ai jamais eu pour ambition de devenir un modèle d'élégance.

Je crois en revanche qu'il est très important pour une femme de savoir s'habiller et jouer la séduction. Inutile pour cela de dépenser une fortune : il suffit que ses vêtements soient seyants. Et lorsqu'elle est nue, ou presque, elle ne doit pas négliger la lingerie fine pour mettre son corps en valeur. J'ai toujours eu un faible pour les porte-jarretelles, une minijupe noire et des chaussures à talons. Je trouve que le rouge et le noir – surtout le noir – vont très bien aux femmes.

Il ne faut pas avoir peur des couleurs vives ou dures. Trop de gens se disent : « Cette couleur est trop osée pour moi. » Il est toujours facile de se plier à ce que pensent les gens. Ainsi les personnes âgées portent des vêtements gris et ternes alors qu'elles devraient choisir des couleurs pleines de vie. Personne n'ose mettre du rouge pour un mariage. Pourquoi ce tabou ridicule? J'ai trouvé que Robin et moi étions très élégants, habillés tout en rouge à l'église.

Quelles que soient les affinités que l'on éprouve, il est parfois difficile de se comprendre quand on vient de pays et de cultures différents. Je suis suédois, Loredana est italienne. Ce sont deux univers très dissemblables. Et dans les derniers temps de notre union, ils ne parvenaient plus à cohabiter harmonieusement... Loredana me comprenait, mais elle était incapable d'accepter mon monde, auquel elle préférait le sien. De plus en plus, nous avons commencé à vivre séparément. Insensiblement, nous avons pris des chemins différents.

Loredana voulait vivre repliée sur notre couple. Ce devait être nous deux, à l'exclusion de toute autre personne. Ce genre de vie est très difficile à mener de nos jours. Nous finissions par ne plus voir nos amis. Très jalouse, Loredana ne voulait pas me partager : elle me voulait pieds et poings liés. Nos loisirs se sont bientôt limités aux quatre murs de notre chambre à coucher. Loredana ne joue pas au tennis et ne skie pas. Si elle aime le sport, c'est uniquement en spectatrice. À l'époque de notre rencontre, elle allait bien dans un club de gym presque tous les jours, mais elle a arrêté par la suite. Elle aime la musique, bien sûr, et c'est aussi une excellente cuisinière. Je l'ai d'ailleurs surnommée « la reine des spaghettis ».

Loredana espérait que nous aurions des enfants, mais cela ne s'est pas fait. La vie que nous menions n'avait rien d'extravagant, bien au contraire. Nous vivions la plupart du temps à Stockholm mais on pourrait tout aussi bien dire que notre domicile était partout et nulle part. Nous habitions en Suède mais aussi dans les hôtels du monde entier, au gré de mes déplacements d'affaires. Nous courions de voitures en avions, d'aéroports en hôtels... Quand nous étions en Suède, nous ne sortions en boîte qu'exceptionnellement, nous n'allions jamais au cinéma. Nous restions la plupart du temps à la maison. Loredana prenait plaisir à faire la cuisine pour Robin et moi.

Nos voyages nous ramenaient parfois à Milan. Nous habitions alors dans l'appartement de Loredana où nous dînions ensemble. Elle aimait la Suède, mais la presse suédoise avait écrit trop de choses négatives sur son compte. Elle avait fini par s'y sentir mal à l'aise.

Je peux dire en toute sincérité que j'ignore ce qui l'a poussée à sa prétendue tentative de suicide. Je crois qu'il s'agissait avant tout d'un appel au secours. Elle avait besoin de moi. Mais cela n'a réveillé aucun sentiment d'amour en moi. Au contraire.

ENCORE DU TENNIS

Si j'avais pu douter un instant de ma popularité, l'extraordinaire publicité faite autour de mon « retour » à la compétition aurait certainement suffi à me rassurer. Les journalistes se sont emparés avec délectation du prétendu « événement » et chacun y est allé de sa spéculation sur mes chances de revenir au top niveau.

Dans l'ensemble, on ne m'en accordait que très peu. C'était probablement un jugement plein de réalisme, même si un certain nombre de commentateurs semblaient se réjouir secrètement de l'inanité de mes efforts. À vrai dire, j'avais déjà fait l'expérience de ce type de réaction en 1983. J'avais mis un terme à ma carrière tennistique en 1981 mais je continuais à m'entretenir physiquement. Au cours de l'été 1983, l'année même où j'ai rencontré Jannike, j'ai décidé de jouer un tournoi du Grand Prix. La presse a bien sûr aussitôt titré sur mon retour. J'ai été battu dès le premier tour mais cela n'avait aucune importance à mes yeux : je venais de perdre un tournoi, point final. Le lendemain, j'ai pu lire à la une des journaux des titres comme : « Dieu merci, il a échoué! » En fait, cela n'a rien de vraiment surprenant, ni de très nouveau. La pression médiatique est simplement un des éléments avec lequel je dois compter. Après tout, elle ne peut qu'accroître ma motivation...

Cette motivation a provoqué un grand nombre de malentendus ou de sous-entendus. On a par exemple prétendu que j'avais reçu un million de dollars pour participer à un tournoi. Cette « information » est bien sûr une pure invention. On a dit aussi que je revenais sur le circuit à seule fin de gagner de l'argent pour rembourser les dettes contractées dans l'aventure du *Design Group*. Si tel était mon objectif, je pourrais me contenter d'amasser une jolie fortune en jouant uniquement des matchs d'exhibition contre quelques joueurs célèbres. Ce serait certainement plus facile et plus rentable que d'hypothétiques victoires dans les tournois officiels...

En visant ces tournois du Grand Prix, j'ai en fait opté pour la voie la plus difficile. Si l'on regarde en arrière, sur les vingt dernières années, on s'apercevra que j'ai toujours agi ainsi.

Après ma « retraite », en 1981, j'ai perdu quasiment tout intérêt pour le tennis. J'étais très jeune mais j'avais déjà fait une dizaine de saisons sur le circuit en tant que professionnel. J'avais envie de changer d'atmosphère et de tenter de nouvelles aventures. Ce type d'indigestion me paraît compréhensif lorsqu'on connaît un peu le style de vie et les efforts que s'imposent tous les athlètes de haut niveau. Il y a bien sûr des exceptions, comme Jimmy Connors dont le plaisir de jouer ne s'est jamais émoussé. Mais la plupart des joueurs, de McEnroe à Wilander, ont éprouvé le besoin de s'interrompre. À vrai dire, autant de joueurs, autant d'itinéraires différents. En ce qui me concerne, après dix ans de travail acharné, après avoir gagné pratiquement tout ce qu'il est possible de gagner sur le circuit, j'ai décidé d'explorer d'autres domaines.

Mais après cette longue période de désaffection, je me suis surpris à regarder davantage le tennis et à m'intéresser aux tournois. Peu à peu, je me suis remis dans le bain, j'ai recommencé à jouer et j'y ai pris beaucoup de plaisir. En janvier 1991, j'ai commencé à m'entraîner sérieusement.

Une idée nouvelle faisait son chemin dans mon esprit : au fond, je n'avais jamais « fini » de jouer au tennis puisque j'avais brutalement interrompu ma carrière. À présent, je voulais retrouver des sensations sur le court et explorer mes limites, en sachant parfaitement que je n'avais plus vingt ans.

J'ai rejoué pour la première fois à Monte-Carlo, un tournoi que j'affectionne tout particulièrement puisque je suis chez moi. J'ai perdu au premier tour. La principale raison de cette défaite était certainement un manque de préparation : je n'étais pas à mon maximum. J'étais en bonne forme physique et psychique mais je manquais de jeu et de compétition.

L'expérience s'est révélée à la fois positive et négative. Négative évidemment parce que j'ai été battu. Les commentateurs ont eu raison de dire que j'avais mal joué. Je m'en serais sans doute mieux sorti si j'avais participé à plus de matchs d'exhibition au lieu de plonger aussitôt dans la compétition. C'était mon premier match de Grand Prix depuis huit ans et je commençais par le tournoi de Monte-Carlo, un des plus cotés du circuit! En sport, il n'y a pas de miracle.

D'un autre côté, puisque j'avais commis tant de fautes directes, je savais que j'avais une forte marge de progression devant moi. Avec de la pratique, mon jeu ne pouvait que s'améliorer. Ce premier match m'a également permis de mieux cerner mes points faibles et donc de mieux gérer mon entraînement.

D'autre part, j'ai tiré une grande satisfaction de l'extraordinaire accueil du public qui s'est levé pour applaudir mon entrée sur le court. J'étais très heureux, bien sûr, mais en même temps cela m'a rendu très nerveux. Pendant cette période, chaque fois que j'essayais de m'entraîner, le terrain était aussitôt encerclé par les journalistes, par les équipes de télévision et par les spectateurs. Je n'avais jamais un moment de paix.

Enfin, je me suis rendu compte que rien ne peut remplacer les situations de match. L'entraînement est une chose, je sais ce que je peux réaliser dans ces conditions, mais un match de Grand Prix est une tout autre affaire. Pour me réhabituer à la présence du public et des arbitres, il n'y a qu'une solution : jouer davantage de matchs.

Mon conseiller psychologique m'a beaucoup aidé dans ma préparation. Mais il n'était en aucune façon un spécialiste du tennis. Je ne crois pas que j'aurai de nouveau recours à ses services. Je n'ai pas non plus de coach et je ne pense pas en prendre un. C'est indispensable quand on est un jeune joueur et que l'on dévore les tournois l'un après l'autre. Il faut charger quelqu'un de gérer son potentiel physique et psychique, de superviser l'entraînement et de régler tous les détails pratiques. Mais dans mon cas, je ne jouerai qu'un nombre choisi de tournois et d'exhibitions par an et je n'éprouve donc pas le besoin d'engager un entraîneur.

En fait, le point le plus positif de ce « retour » est certainement le plaisir que j'ai pris à disputer ces quelques matchs. Un plaisir que la défaite, aussi peu réjouissante soit-elle, n'a pas entamé.

Le plus grand malentendu soulevé par mon « retour » a certainement porté sur mes ambitions. La presse a fait mine de croire que je m'étais mis en tête de reconquérir ma place de numéro un mondial. Je suis avant tout un pragmatique et je n'ai pas pour habitude de me bercer d'illusions. Je sais que je ne pourrai jamais retrouver le niveau de jeu d'il y a dix ans, à l'époque où j'étais au premier rang mondial.

En revanche, c'est une expérience passionnante de chercher à savoir jusqu'où je peux aller, avec les moyens dont je dispose aujourd'hui. Évidemment, le but est de remporter des matchs et d'aller le plus haut possible, mais il s'agit surtout d'atteindre le sommet de mes possibilités. Le tennis, comme tout autre sport, est avant tout l'exploration de ses limites physiques.

Cette année, je n'ai pas joué à Monte-Carlo. Les organisateurs m'ont offert de m'inscrire au tableau mais je préférais venir en tant que spectateur. J'ai l'intention de jouer ensuite des matchs d'exhibition et quelques tournois, qu'ils soient du Grand Prix ou non. Peu importe qui sera de l'autre côté du filet. Je sais que je ne suis plus un gamin mais je sais aussi que j'ai des ressources et je veux les exploiter. Mon ambition n'est évidemment pas comparable à celle d'un jeune joueur affamé de victoires qui débute sur le circuit. Le plaisir de me retrouver sur un court prime désormais sur tout.

Aujourd'hui, je m'entraîne environ deux ou trois heures par jour. Il est évident que je n'ai pas l'intention de passer autant de temps qu'autrefois sur les courts. Mon intérêt pour le tennis est revenu, mais il n'a rien d'exclusif.

En cette année 1993, je vais jouer le tournoi par équipe aux États-Unis. Le principe est le suivant : une douzaine d'équipes mixtes, représentant différentes villes américaines, se rencontrent pendant cinq semaines. Je vais jouer pour Los Angeles. J'ai déjà participé plusieurs fois à ce type de compétition, toujours avec un immense plaisir.

Je vais ensuite participer au tournoi senior qui est en train de prendre un nouvel essor. Auparavant, ce circuit rassemblait les joueurs âgés de plus de trente-cinq ans. Depuis l'an dernier, la barre a été ramenée à trente ans. Cela devrait permettre d'attirer bon nombre de grands noms du tennis qui se trouvent dans cette tranche d'âge, McEnroe, Lendl et peut-être Noah pour ne citer qu'eux. De nombreux joueurs se sont déclarés très intéressés par cette initiative, d'autant que les tournois seront dotés de prix alléchants. L'année dernière, il n'y avait que quatre tournois seniors. Cette année, il en existera sans doute huit ou neuf. Jimmy Connors veut lui-même en créer trois. Ces tournois auront lieu d'août à décembre et je compte m'y préparer activement.

Je crois en effet que c'est une idée excellente pour tout le monde. Pour les joueurs tout d'abord, qui auront le loisir de montrer qu'il y a une vie après trente ans, dans le tennis comme ailleurs! McEnroe et Connors l'ont d'ailleurs largement démontré. Jimmy n'a rien perdu de sa combativité et McEnroe a réalisé une de ses meilleures années en 1992.

Ce renouveau du circuit senior est aussi une excellente nouvelle pour le public et pour les médias. Les gens savent que nous sommes encore capables de jouer au top niveau, ils attendent avec impatience les duels spectaculaires auxquels ces tournois donneront lieu. Cette idée pourrait donc avoir le même succès que son équivalent en golf, dont les opens seniors battent des records de popularité aux États-Unis. Déjà, la compétition de tennis pour les « plus de trente ans » soulève un grand intérêt. Gageons qu'avec les noms prestigieux qui se trouveront réunis, le spectacle et l'émotion seront au rendez-vous.

J'espère aussi retrouver, à l'occasion de cette saison américaine, un peu de l'atmosphère qui régnait sur le circuit il y a une dizaine d'années. Il me semble qu'à cette époque les joueurs s'amusaient davantage qu'aujourd'hui. Bien sûr, nous étions déjà de grands professionnels : dès que nous posions le pied sur le court, nous ne pensions qu'à gagner le match et à donner le meilleur de nous-mêmes. Mais dans les vestiaires, c'était une autre ambiance : nous retrouvions les autres joueurs pour parler et plaisanter.

Mon retour m'a permis de constater que les choses avaient changé. Peut-être est-ce parce que je ne connais plus les jeunes joueurs et qu'ils me considèrent un peu comme l'« ancien ». Mais j'ai le sentiment qu'ils viennent s'entraîner, qu'ils jouent leurs matchs et qu'ils s'en vont comme ils sont venus. Il n'y a pratiquement plus d'échanges entre les joueurs en dehors des courts.

Je ne veux pas dire par là que le tennis est passé du sport plaisir au sport business. L'argent et les affaires ont toujours joué un rôle clé dans le tennis, mais aujourd'hui certainement plus qu'hier. Ce qui ne signifie pas bien sûr que les joueurs sont devenus de vulgaires mercenaires. Leur orgueil – au moins pour les plus grands d'entre eux – leur fixe comme ambition de remporter les tournois les plus prestigieux du circuit plutôt que d'amasser des dollars. Mais les sommes en jeu sont devenues colossales : elles supposent une compétition accrue sur le circuit et un travail acharné qui laisse moins de place que jamais pour le divertissement.

ENCORE DU TENNIS

Beaucoup de joueurs jouent pour gagner de l'argent et il serait idiot de songer à le leur reprocher : c'est la profession qu'ils ont choisie, ils sacrifient beaucoup pour elle, il est donc normal que cela leur rapporte. Pour la plupart des bons joueurs, le problème se pose d'ailleurs en sens inverse : ils veulent remporter de grands tournois, ils s'y préparent de façon intensive, et l'argent suit naturellement avec les résultats.

Les prix dont sont dotés les tournois sont presque sans rapport avec ce que je connaissais il y a dix ans. Et les sommes continueront d'augmenter tant qu'il y aura des sponsors et des médias pour couvrir ces événements sportifs. Au moment où j'ai arrêté, on disait déjà qu'il y avait trop d'argent dans le tennis. Aujourd'hui, les prix ont quintuplé, voire décuplé. Et on ne peut s'empêcher de se demander s'il y aura un plafond...

Le symbole le plus flagrant de l'évolution du tennis en dix ans a certainement été la raquette en bois que j'ai employée lors de mon match de retour à Monte-Carlo. Depuis plusieurs années déjà, on ne trouve plus un seul joueur qui n'utilise pas une raquette en matériau composite. Les journaux n'ont pas manqué d'ironiser sur l'anachronisme de mon équipement.

J'ai réalisé ce jour-là qu'il me faudrait changer de raquette. Non pas pour satisfaire à la mode mais parce que j'avais beaucoup à y gagner en puissance. Il existe aujourd'hui des matériaux très performants qui donnent un avantage certain au joueur.

Mais il fallait que je m'en rende compte par moi-même pour en être véritablement convaincu. Aujourd'hui, je me suis habitué aux raquettes modernes, mais cela demande un long travail d'ajustement. J'ai dit l'importance de la raquette, qui doit être comme un prolongement du bras. Un changement aussi crucial exige beaucoup de pratique.

Pourtant, tous les joueurs actuels risquent bientôt d'être contraints à cet exercice. En effet, on voit apparaître aujourd'hui une nouvelle raquette qui pourrait bien constituer une petite révolution. Elle est munie d'un cadre à large rebord, d'environ cinq ou six centimètres, qui assure une vitesse plus grande encore à la balle. Déjà, les juniors n'apprennent à jouer qu'avec cet engin. Les autres devront s'adapter, s'ils le peuvent toutefois, car la balle devient très difficile à contrôler.

Personnellement, je crois qu'il faudrait interdire ce type de raquettes à large bord. Depuis quelque temps déjà, les joueurs frappent de plus en plus fort. Ils risquent finalement de détruire le tennis.

Nous n'allons pas tarder à voir arriver de jeunes joueurs qui feront sensation sur les courts avec cette raquette révolutionnaire. Ils frapperont plus fort que n'importe qui, les balles fuseront comme jamais. Cela nous donnera quelques nouveaux records de vitesse au service. Le spectacle y gagnera-t-il pour autant? À moins que la fédération de tennis décide de mettre le holà à cette innovation...

ENCORE DU TENNIS

À mon avis, un autre danger, plus grave encore, menace le tennis : c'est l'absence de réelles personnalités sur les courts. Ce vide est peut-être la conséquence de cette puissance de jeu qui a tendance à niveler tous les styles. À mon sens, la seule force physique ne suffit pas à donner à un joueur cette personnalité qui rend les matchs si captivants. Lorsque les gens voyaient à l'affiche une finale Borg-McEnroe, ils savaient qu'il y avait de fortes chances pour que le match les tienne rivés à leurs sièges, quel que soit leur favori. C'était une sorte de duel opposant deux personnalités très distinctes, deux attitudes diamétralement opposées, au moins sur le court. Cela ne reflétait peut-être pas fidèlement la vérité psychologique des joueurs, mais cela ajoutait une indéniable dimension au match.

Il y a dix ans, les combinaisons étaient multiples : on comptait une bonne douzaine de fortes personnalités sur le circuit, des hommes dont le style de jeu, aussitôt identifiable, leur conférait une originalité propre. Ils devenaient des personnages. Leurs rencontres étaient un gage de frissons pour les spectateurs, un peu comme le cinéma hollywoodien des années 50, si riches en vedettes, pouvait varier à l'infini les duos d'acteurs dans ses superproductions. Cette diversité garantissait le spectacle plus encore que la violence des coups.

Aujourd'hui, quelles sont les vraies personnalités dans le circuit? Au risque d'en blesser certains, je n'en vois guère qu'une seule : André Agassi. En dépit de toute l'énorme machinerie médiatique, les finales du Grand Chelem ne soulèvent plus autant l'enthousiasme des foules. Je ne fais ici qu'exprimer une opinion personnelle, mais dont j'entends pourtant souvent l'écho autour de moi.

Je ne voudrais pas qu'on me taxe de nostalgie. Je n'ai rien contre la puissance en soi, car elle contribue certainement à l'intensité du spectacle, mais je lui reproche de se faire omniprésente. Les raquettes performantes et le gabarit des joueurs ont eu un effet d'uniformisation sur le style des tennismen. De plus en plus, on voit le même jeu sur tous les courts du monde, un jeu qui repose essentiellement sur de formidables accélérations de coup droit ou de revers. Il n'y a plus vraiment besoin de finesse. Pourtant, les spectateurs sont demandeurs, comme le prouvent les acclamations du public sur les points gagnés au « toucher ».

Que sera le tennis dans dix ans? Je crains qu'à ce rythme nous n'assistions à des duels de géants armés de raquettes surpuissantes. Mais il suffit de deux ou trois joueurs originaux pour complètement modifier le cours des choses... Sport individuel par excellence, le tennis a besoin de vedettes.

*
**

On me demande souvent si j'ai l'intention de suivre l'exemple de ces joueurs célèbres devenus capitaines de leur équipe nationale pour la coupe Davis. C'est ce qu'ont fait Noah ou Panatta, et c'est un des projets de John McEnroe. En fait, cela ne m'a encore jamais vraiment tenté, mais je me réserve le droit de changer d'avis à l'avenir. La coupe Davis est un des plus beaux trophées qui soient, et la victoire suédoise de 1975 reste sans aucun doute l'un des meilleurs souvenirs de ma carrière.

J'ai déjà reçu des propositions pour devenir capitaine de l'équipe suédoise. Jusqu'à présent j'ai toujours refusé, car je suis conscient qu'il s'agit d'une énorme responsabilité. Il ne suffit pas, comme certains se l'imaginent, de faire acte de présence sur le bord d'un court, en faisant mine d'encourager les joueurs. C'est un travail à plein temps. En effet, il faut voyager sans cesse pour suivre les joueurs, choisir les hommes en forme, composer l'équipe la plus homogène et la plus performante à tel moment et dans telles conditions. Autrement dit, il ne suffit pas d'avoir un nom célèbre pour réussir. Aujourd'hui, je ne pourrais pas trouver le temps nécessaire pour me consacrer sérieusement à cette entreprise.

La coupe Davis revêt une signification particulière pour moi comme pour mes compatriotes. La Suède l'a en effet remportée plusieurs fois au cours des années 80, époque où le tennis suédois dominait le circuit. La Suède a « produit » un nombre extraordinaire de prodiges du tennis, de Wilander à Edberg. Pendant quelques années, c'était une véritable armada scandinave qui envahissait les tournois et qui obtenait généralement d'excellents résultats. Aujourd'hui, la situation est nettement moins favorable. On assiste à un essoufflement. La relève est assurée semble-t-il par l'Allemagne qui, dans le sillage d'un Boris Becker, voit éclore plusieurs champions de tout premier plan. Les pays vainqueurs de la coupe Davis ont presque toujours bénéficié d'une locomotive.

Prendre en charge l'équipe suédoise, la préparer à conquérir à nouveau ce trophée prestigieux serait une tâche passionnante à laquelle j'aurai peut-être un jour l'occasion de m'atteler.

Quoi qu'il advienne, je sais aujourd'hui, et contrairement à ce que je croyais en 1981, que le tennis est une composante permanente de ma vie. Sous une forme ou sous une autre... Simplement, il n'occupe plus la même place qu'autrefois. Il est un aspect de mon existence, un des pieds qui contribuent à son équilibre, mais en aucun cas son pilier unique. Et si je venais à perdre les matchs auxquels je me prépare aujourd'hui, je sais que ce ne serait pas la fin du monde, comme je le croyais trop souvent lorsque j'étais adolescent. Étrange comme les choses deviennent simples quand on les fait par plaisir...

DERNIERS REBONDISSEMENTS

L'année 1993 a débuté pour moi sous les meilleurs auspices. Mon ex-associé Lars Skarke a annoncé qu'il renonçait à l'extravagante action en justice qu'il avait intentée contre moi, et par laquelle il me réclamait 500 millions de couronnes. Il a probablement compris qu'il n'avait aucune chance d'obtenir gain de cause devant un tribunal sur des bases aussi ridicules que les siennes.

On s'en doute, cela constitue un énorme soulagement pour moi. Mes avocats et moi avions réuni de nombreuses preuves contre Skarke et j'avais bon espoir que la justice finisse par triompher. Mais je me trouvais placé dans une position d'attente très éprouvante. Pendant des mois et des mois, j'ai dû vivre avec cette terrible épée de Damoclès suspendue au-dessus de ma tête. À supposer par extraordinaire qu'un tribunal donne raison à Skarke, je me retrouvais endetté à vie. Heureusement, le droit et le bon sens ont finalement prévalu.

La dernière fois que j'ai vu mon ex-associé, c'était dans l'enceinte d'un tribunal, j'ai l'impression que c'était il y a une éternité. Nous ne nous sommes plus adressé la parole depuis la faillite de

Design Group. Je n'ai rien à lui dire. Je ne sais même pas exactement ce qu'il est devenu : il y a fort à parier cependant qu'il a trouvé un autre domaine où exercer ses étranges « talents » commerciaux.

On peut s'étonner que Skarke se soit tiré d'affaire sans la moindre dette et libre de toute accusation. Je ne dis pas blanc comme neige, car sa réputation déjà peu fameuse aura sans doute du mal à se remettre de ces péripéties. Mais il s'en tire plutôt à bon compte si l'on considère les sommes qu'il devait, à moi et à d'autres personnes qui travaillaient dans la compagnie.

À mon sens, il mérite la prison. Mes avocats vont peut-être déposer une plainte contre lui. Nous avons rassemblé des preuves pour extorsion de fonds et fraude. Nous déciderons dans les mois à venir des suites à donner à cette affaire. D'ores et déjà, il est possible que cette menace ne soit pas étrangère au fait qu'il ait renoncé à toute poursuite à mon encontre...

De mon côté, j'aime à penser que toute cette affaire, ainsi que Skarke lui-même, appartiennent désormais au passé.

Le procès qui nous oppose aux créanciers ainsi qu'à Ackordscentral suit son cours. En dépit du travail fourni par mes avocats nous avons perdu la première manche, mais l'affaire sera rejugée en septembre 1993.

Là aussi je garde bon espoir, car contrairement à ce qu'affirme Smedman, le P-DG d'Ackordscentral, les créanciers ne peuvent en aucun cas établir ma responsabilité personnelle sur l'ensemble des dettes de la compagnie. Ce serait proprement inouï. Pourtant, ils continuent de réclamer le remboursement à cent pour cent des dettes de *Design Group*...

Le plus difficile à supporter, c'est en fait la lenteur de ce processus juridique et l'incertitude qui en découle. La faillite de *Design Group* remonte déjà à plusieurs années et aucun règlement définitif n'est encore intervenu. On le sait, la justice progresse à pas lents. Mais nous avons plus d'un atout en main pour gagner ce procès et obtenir ma « réhabilitation », car je tiens avant tout à prouver mon bon droit. Aussi ridicules et fastidieuses que puissent paraître toutes ces démarches, il faut en passer par là avant de tourner véritablement la page. Heureusement, je peux compter sur d'excellents avocats qui sont aussi des amis : ils m'ont déjà ôté un énorme poids de la poitrine. J'ai confiance que le temps joue en ma faveur.

Le dernier procès en suspens est celui intenté par Saul Schoenberg, le P-DG de notre filiale américaine. Nous avons monté un dossier solide et Schoenberg pourrait bientôt annoncer qu'il retire sa plainte, comme l'a fait Skarke. Nous sommes aujourd'hui dans un système où n'importe qui peut réclamer des sommes astronomiques en espérant toucher le gros lot. C'est une sorte de jeu absurde et malsain, mais qui peut rapporter gros. Dans l'attente de la décision finale, il me reste à souhaiter que ce procès sera bientot un mauvais souvenir, comme celui intenté par Skarke.

Après une expérience commerciale si catastrophique, on se doute que je ne suis pas pressé de me lancer à nouveau dans une aventure aussi complexe et démesurée que l'était *Design Group*.

Je n'ai pas renoncé pour autant. Je sais que l'idée de départ était bonne et que seule la mise en œuvre était en cause. Aujourd'hui, nous avons relancé la fabrication dans trois domaines bien spécifiques : les parfums, les chaussures et les sous-vêtements masculins et féminins.

Ces trois branches existaient auparavant mais, après la faillite du groupe, il y a eu un moment de flottement pendant lequel personne ne semblait plus vouloir aller de l'avant. La mauvaise publicité faite autour de la faillite de *Design Group* semblait condamner tous les projets attachés au nom de Borg. Mais plusieurs dirigeants du groupe sont venus me trouver pour me dire qu'ils croyaient encore à nos chances de succès. Selon eux, le nom de Borg restait porteur sur le marché et il aurait été stupide de baisser les bras. Nous nous sommes mis d'accord sur le fait qu'il fallait dans un premier temps nous limiter au marché scandinave et ne pas céder à cette folie des grandeurs qui nous avait conduits au bord du précipice.

La collection de sous-vêtements a été reprise en main par Anders Arnborger et Lollo Abrahamsson. Ces deux hommes faisaient partie de l'équipe de *Design Group*. Ils m'ont toujours soutenu, en dépit de tous les articles négatifs qui ont suivi le fiasco de la compagnie. Ce sont des gens que j'apprécie beaucoup et qui sont vraiment compétents en affaires. Au cours de l'été 1990, après seulement sept mois d'opération sur une petite échelle, ils ont pu annoncer qu'ils avaient renoué des contacts prometteurs avec les détaillants. La compagnie avait non seulement récupéré cent vingt de nos anciens clients, mais en avait recruté cent cinquante nouveaux. Les sous-vêtements *Björn Borg* comptent aujourd'hui parmi les produits les plus rentables de la grande chaîne de magasins suédois Nк.

La fabrique de chaussures Scandinavian Foot Wear, installée à Varberg, a également pu continuer ses activités sur le même principe. Il en va de même pour les parfums. De nouveaux produits vont voir le jour. Dans tous ces domaines, nous continuons à miser sur la qualité, persuadés que cette stratégie portera ses fruits.

La qualité est indiscutablement une des raisons premières du succès rencontré. L'autre raison est un capital-risque minimum. L'expansion se fait progressivement, en temps opportun. *Chi va piano va sano.* Nous avançons avec prudence, à la différence d'un Skarke qui voulait conquérir le monde en une semaine.

Mais les résultats sont si prometteurs que les ambitions d'expansion internationale refont surface. Cette année, les sous-vêtements vont sortir en Hollande et en Australie. Ceux qui s'en occupent font un excellent travail et nous pouvons de nouveau espérer que la marque Borg soit un jour présente aux quatre coins du monde.

Je tiens à limiter pour l'instant mes activités commerciales à ces trois compagnies. Ce ne sont pourtant pas les propositions qui manquent! Presque chaque jour, des entrepreneurs me soumettent divers projets pour lesquels ils souhaitent ma participation. Je pourrais faire des milliers de choses si j'en avais l'envie. Mais chat échaudé craint l'eau froide. Surtout, je prends un tel plaisir à jouer au tennis que je n'ai pas le loisir de me consacrer à une aventure commerciale que je ne pourrais maîtriser entièrement.

On m'a proposé par exemple de participer à la création de vastes complexes sportifs. Pour le moment, j'ai toujours refusé ces offres. Dans ce genre d'entreprise, il s'agit la plupart du temps d'emprunter un nom prestigieux pour assurer la promotion du site. Ensuite, la vedette ne fait acte de présence qu'une semaine par an. Je n'ai pas envie de prêter mon nom sous ces conditions. Si un tel projet venait un jour à me tenter, il faudrait que je m'y investisse complètement. Au fond je déteste me disperser, préférant me consacrer entièrement à ce que je fais, par goût tout d'abord et parce que je considère que c'est la clé de la réussite. En affaires comme au tennis, la tiédeur donne souvent de piètres résultats.

Aujourd'hui, la majeure partie de mes revenus provient des dividendes versés par les trois compagnies scandinaves. Ces contrats d'exploitation m'assurent à eux seuls une vie confortable. Et au rythme d'expansion actuel, l'avenir s'annonce radieux, dès qu'auront été écartés les procès en cours.

Certes, j'ai perdu des millions dans le fiasco de *Design Group*. Mais la richesse n'a aucune importance à mes yeux. Les belles voitures, les yachts, les villas somptueuses, tout cela ne m'intéresse pas. Il ne faut jamais oublier que je viens d'une famille issue de la classe moyenne. Autrement dit, je n'ai jamais eu des goûts de luxe. Dix ans de discipline imposée par le tennis n'ont fait que confirmer la simplicité de mes besoins. Évidemment je ne suis pas pauvre, et il ne me viendrait pas à l'idée de me plaindre. La situation serait sans doute différente si j'avais toujours vécu dans l'opulence : peut-être aurais-je mal supporté de perdre une grande part de ma fortune. En fait, en dépit de mes problèmes financiers, je n'ai jamais eu à réduire de façon dramatique mon train de vie, qui est toujours resté dans les limites du raisonnable.

Après toutes les épreuves que j'ai subies ces dernières années, aussi bien financières que privées, j'ai acquis une certaine philsophie face à la vie. Mon pilier essentiel reste ma famille. C'est d'elle que je tire mes plus grandes satisfactions et le meilleur soutien. Ma plus grande joie, c'est de voir régulièrement mon fils qui vit en Suède avec sa mère.

Pour moi, le vrai bonheur consiste à fonder un foyer et à avoir des enfants. Dans le monde tel qu'il est, je crois que c'est un rêve de plus en plus difficile à réaliser. Je ne suis pas là en train de chercher une excuse à mes échecs conjugaux. Si j'avais eu le choix, j'aurais évidemment préféré ne jamais divorcer. Mais je crois que nous vivons à une époque où nous sommes sans cesse tiraillés par des sollicitations ou des désirs contradictoires, et j'éprouve une réelle admiration pour les couples qui parviennent à rester véritablement unis. C'est une chance extraordinaire, un équilibre qui tient du miracle et que je n'ai malheureusement pas encore trouvé.

Mais, par nature, je suis quelqu'un de résolument optimiste. Je me souviens que lorsque j'avais vingt-deux, vingt-trois ans, et qu'au retour de mes tournées je revoyais en Suède mon ami d'enfance, je mesurais l'écart qui nous séparait. J'avais le sentiment d'avoir l'expérience d'un homme de cinquante ans, tandis qu'il était resté un jeune homme. J'avais rencontré plus de personnes, visité plus de pays que la plupart des gens n'en verront jamais. J'aurais pu devenir blasé, mais il n'en a rien été. À trente-sept ans, je sais avec certitude que les moments les plus forts de ma vie ne sont pas derrière moi mais à venir.

Parce qu'il m'a permis de découvrir le monde et les gens, le tennis a été pour moi une formidable école de la vie. Mais ce qu'il m'a appris avant tout, c'est que rien ne remplace l'expérience vécue, sur le terrain, dans l'action et dans l'instant. On publie ainsi chaque année des dizaines de méthodes censées vous expliquer comment jouer. Faites comme ci, faites comme ça, nous dit-on. Mais dans la réalité des matchs, les choses ne se passent jamais telles qu'elles sont décrites dans les livres. C'est la même chose dans la vie. On voudrait nous conseiller sur la meilleure façon de gérer notre existence, privée, conjugale ou autre, on voudrait nous donner des recettes de félicité. Mais chacun sait bien que ces généralités ne peuvent le satisfaire ni le guider à coup sûr, et qu'il n'a pas de meilleure solution que d'y aller voir par lui-même. Bonne ou mauvaise, l'expérience est reine.

TABLE DES MATIÈRES

Directrice littéraire
Huguette Maure

Graphiste
Pascal Vandeputte

Attachées de presse
Nathalie Ladurantie
Myriam Saïd-Errahmani

Photos droits réservés

Impression réalisée sur CAMERON par
BRODARD ET TAUPIN
La Flèche

pour le compte des Éditions Michel Lafon
en mai 1993